WE DESERVE A BETTER CITY

我們值得更好的城市

邱秉瑜

BINGYU CHIU

方寸文創

目次

推薦序——好公民與好城市

認識秉瑜在二〇一一年，在他決定從國企商學之路走向都市空間探索的轉捩點。數個月內，我們一同從事「臺北市設計能量研究」專案，作為臺北申辦二〇一六世界設計之都的重要報告。

報告完成後，在我們幾番交流下，秉瑜放棄了已考上的臺大城鄉所，決定直接申請英國都市類別的相關碩士學程。

這位優秀青年在一年內順利取得倫敦大學學院巴特雷營造環境學院的空間規劃碩士。還記得那天，我們約在南京西路二十五巷的二樓咖啡店享用早午餐，聊聊學成歸國後的計畫。在咖啡香中我們俯看曾一同想像而現已被各式藝文小店進駐的赤峰街——這處過去都是打鐵鋪店家的城市後巷，至今漫步街區尚滲著一絲機油味。然而，隱然轉型的臺北框景，讓我們相信，臺北的都市再造已慢慢形塑出一條不同的路。

這時候的他學成歸國，肯定是在對的時空氛圍下，用他踏遍世界的城市觀察找尋最對應的共鳴，是值得期待的。而秉瑜該在哪裡著力最能展現他獨特的「都市專業」？非空間專業訓練的出身，讓他在都市專業領域實踐時有不一樣的視野與機會。從國內知名的工程顧問公司開始，專注在都市設計工作前的先行策略擬定。或許過去的商學訓練，讓他總能從更大的格局，從制度面、實際營運面，甚至把城市看作一整個運作機制來思考城市的發展。此後，臺北市政府的經驗，讓他體認到行政程序對都市創新的關鍵影響。一年後，秉瑜再度來信約聊，此時他已是專欄作家，以自己在公私部門雙邊的資歷，為國內所探討的城市議題，貢獻最具前導性的建議。

在本書中眾多面向探討中，秉瑜對被視為城市血脈的交通系統著墨最深。或許在臺北出生、學習、工作長達二十多年，在走遍歐洲城市後，察覺到與自身家鄉的反差，除了有更深的感觸，更有殷切的期盼。我們的城市，長期缺乏「公共性」思維，從交通基礎建設，到屬於人可享受的都市空間，都不若歐美的空間品質來得友善。對此，書中從實際交通、景觀、法令設計各方面都提出國際案例加以參照。

城市，對來訪者來說，是對在地人生活的第一印象；對居住其中的人而言，是形構彼此間群己關係的平臺。因此，我們的城市迫切需要良善的規劃。長年下來，臺灣的都市規劃少有長遠思維，總是急就章被迫解決問題，或許一個問題解決了，但因為少了透徹的脈絡思維，新的問題又浮出檯面。《我們值得更好的城市》一書診斷臺灣的城市問題，有切身的在地真實議題，有對應的國際成功典範，更有解決問題的具體建議與做法。透過本書讓國人知道，都市規劃的成敗，不再只是政府的事，在良善的擘劃願景下，每位在其中生活的公民，都是更好的城市養成過程中的關鍵滋養液。

——**黃金樺**
PLAN Consulting 主持人
美國紐約州註冊建築師
東海大學景觀學系助理教授

推薦序——延伸我城的想像

城市，人類在地理上的聚居，其歷史可追溯到三千五百年前的尼普爾（Nippur）、巴比倫（Babylon）。中文的「城市」兩字，則印刻著古代城市在防衛與商業的雙重功能。不過城市在全球的大量湧現，仍是工業革命以來大量農村人口湧向新興工商據點造就的現象。

近現代城市在功能與結構上，迴異於歷史上的古城——工商資本成為主宰城市的邏輯，防禦機能相對式微。而過去一個多世紀，更見證了城市消長與急遽變貌。從工業年代跨向後工業社會，許多礦區小鎮、工業城區走向蕭條，消費型空間快速擴張。許多科技（如能源、交通、資訊）進展，也反映在城市的基礎建設與整體地貌。更重要的是，近現代湧現的各種「城市想像」，反身性地重塑我們對城市空間的經營與運用，留下原初期待的，或未曾料想的社會影響。

這股「以理念形塑城市」的浪潮，可上追自十九世紀英、法社會主義者提出的各種烏托邦理想。之後則有霍華德（Sir E. Howard）試圖平衡工業、自然與居住的花園城市（Garden City）運動；科比意（Le Corbusier）從功能主義出發，力挺大城市好處的城市集中主義；佩里（C.A. Perry）提倡滿足家庭生活需求的鄰里單位規劃；美國萊特（Frank L. Wright）與芬蘭沙里寧（Eero Saarinen）不同版本的「疏散論」；

以及在二十世紀以來所湧現的衛星城市、新都市主義、全球城市、智慧城市等諸多概念。

戰後臺灣，侷限的城市想像

臺灣主要城市多數在日本殖民時期奠定基礎，其城市輪廓也多少折衷反映了二十世紀初期某些西方城市規劃思潮。但戰後國民政府來臺，長期以「反攻大陸」為目標的動員戡亂體制，侷限了城市發展的長期想像；加上大量移民的居住需求，與戰後工業化帶來的都會擴張壓力，都在規劃與空間治理力度有限的背景下，滲入、充塞原本容納量有限的市區，造就出混成、權宜、雜亂、公私界線模糊，卻又藏有豐沛生命力的的地景與空間邏輯。

相比於多數歐美城市，戰後臺灣城市生活的「好處」大概是「彈性」，是對種種表面規範踰越的權宜性包容。舉凡違規停車、頂樓加蓋、騎樓占用、無照攤販，政府有政府的規範，但管制力度有限，導致民間也都長出某種有「人情味」的民間默契。

但其之所失卻也明顯，特別是當臺灣人到歐美旅行時，在對異國城市空間設計、建築美學、人本設計的讚嘆中，折射的正是對臺灣城市各種不滿——充斥鐵窗看板與冷氣室外機的建築外觀、混亂的市容景觀、出了臺北就十分不便的公共交通、卑微的行人尊嚴。這些，也讓臺灣人的城市認同與驕傲感，只能綁在少數有代表性的空間。

城市知識的公共化

旅行中的讚美感慨，難免欠缺對彼此城市發展脈絡的體諒。但這種空間經驗的反差，往往是觸動思考的起點，讓人能拉開心理距離想像：城市是什麼？如何設計管理？我們的城市還有什麼可能？秉瑜就是這樣開始的——在中國與西歐的行旅，啟迪他對城市的知性好奇，進而促成他赴英國倫敦大學學院學習空間規劃，並在回臺任職工程顧問公司期間，深入研究五十多個國外城市規劃案例。

我在二〇一五年年初認識秉瑜，注意到他對許多城市案例的掌握，便鼓勵他寫專欄，希望讓這些好不容易積累的知識公共化，為臺灣城市相關討論注入資源。當時便提到或許日後可以集結成書，我至今記得秉瑜眼中亮起的光。後來我介紹他給聯合新聞網「鳴人堂」主編許伯崧，接著就見證他一次次對比臺灣與國外案例的書寫，引起公眾對於城市議題的討論。才短短一年半，眼前就出現這本精緻書稿。

本書書名《我們值得更好的城市》打中我心底期待，書中從ＢＲＴ、輕軌、自行車城市、公共住宅、行人空間、綠帶串連、創意街區等，涵蓋了許多臺灣城市發展的策略選擇；也針對諸如臺北機廠、松山機場、花博公園、中正紀念堂等重要地標的願景，提出可能倡議。書中的圖說、照片與排版，處處可見出版者方寸文創打造閱讀體驗的用心。逐章瀏覽，就像帶著臺灣城市的問題意識，走向世界去考察。

從本書出發，想像我城的可能

本書二十四章，主題回歸兩個焦點：一、以人為本、永續而環境友善的交通環境；二、提升城市光榮感與認同。這個安排，反映秉瑜開始其筆下旅程時的問題意識，也多少恰好是臺灣近年在城市治理上最受關注的兩個核心問題。

不過要想像「更好的城市」，還有更寬廣的視野。宏觀尺度上，如何把城市鑲嵌在當代全球網絡，如何想像城市與鄰近山野水體的角色關係，均攸關城市的經濟文化活力。回到城市本身，整體結構輪廓如何調整、各區空間組織的邏輯，也決定了城市整體的空間理性。到了人的尺度，城市設計上對於人際互動的考量，也相當程度影響城市生活體驗的品質。從本書能開始的，想像「更好城市」的旅程，能走得更遠。

最終，在這許多個案的借鑑中，我們要看到的是自己；從許多技術與策略層面的分析討論，要尋覓的其實是一套整合發展哲學。期盼這本書打開的旅程，能讓更多人有意識地反思、激盪、勾勒臺灣更好的可能。

——曾柏文
端傳媒評論總監
英國華威大學社會學博士

自序

《我們值得更好的城市》是一本談論臺灣都市議題的書，透過援引國外案例，試圖對臺灣城市的問題提出解決之道。

本書將臺灣城市面臨的問題歸納為四個方面：私人運具太多、步行環境欠佳、生活（居住與休閒）品質不良、市民認同感低。針對這些議題，本書訂立了八個臺灣應該努力的目標，以及達成這些目標的二十四項策略。

全書二十四篇文章，來自我在聯合新聞網「鳴人堂」專欄一整年作品的集結。

我寫專欄的初衷，是想將自己在英國攻讀都市規劃碩士一年之所學、回臺灣任職工程顧問公司一年之所獲，以及七年來在不同城市生活旅行之所思化為公共財。我想做理念的傳播者，激發人們對臺灣城市未來發展的想像力。

為何說是七年？二〇〇九年夏天，我獲得交換學生的機會，動身前往中國的北京大學與法國的里昂第三大學（Université Jean Moulin Lyon 3）各駐留了半年。那時，我揹起背包，一個人上路，完成了貫穿北京、河北、山西、陝西、重慶、四川、雲南七省市的四十一天中國內陸大縱走，以及跨越英國、法國、西班牙、義大利、希臘五國的四十五天西歐南歐半環遊。長途自助旅行不僅讓我眼界大開，也使我對「城市」產生濃厚興趣，進而立志以此為業。

二〇一二至二〇一三年，我留學英國一年，在倫敦大學學院（University College London）的巴特雷營造環境學院（The Bartlett Faculty of the Built Environment）攻讀空間規劃（Spatial Planning）碩士學位。除了坐在布魯斯伯里（Bloomsbury）的教室中學習英國的都市計畫制度與案例，我也在海德公園（Hyde Park）與白教堂地區（Whitechapel）研究都市設計，並針對倫敦奧運結束後等待再生的利河下游流域南部（South Lower Lea Valley）提出策略願景。

取得碩士學位後，我返回臺灣，在工程顧問公司擔任策劃分析師約一年。公司在臺北東區，我的座位臨著忠孝東路，窗外可望見不遠處興建中的大巨蛋。公司為公部門與私部門客戶的土地開發案提供規劃與設計服務，而我的主要工作是開發內容策劃，一年下來，藉職務之便做過了五十多個國外的土地開發案例研究。這是本書寫作最初的基礎。

同時，合計一年半的歐洲歲月雖不算長，卻也足以讓回到臺灣的我產生「反向文化衝擊」（reverse culture shock）。有了歐洲經驗，我才開始察覺到，在臺北——我出生成長的城市，生活環境原來並不理想，而人們又是如此習於無視他人的存在，不僅陌生人之間罕見正向互動，對於自己干擾到他人的行為也少有意識。

與其埋怨人們急躁、粗魯或「素質差」，我更寧願思考以下問題：是否外在環境會影響人的行為？歐洲人讓我覺得相較於臺灣人更「文明」的舉止，是否根源於歐洲較良好的公共空間規劃與設計？而臺灣擁擠雜亂的日常生活環境，是否為臺灣人在我眼中不如歐洲人從容、有禮、自信的遠因？

「城市」的改造，能導致「人」的改造。這是我的論點，也是我對家鄉臺灣的期許，因而本書以《我們值得更好的城市》為名。深盼本書提倡的理念、介紹的機制，能提供國人對於未來生活更美好的想像，進而促成實際行動，解決臺灣城市的各種問題，最終達成民族性的提升。

1

減少私人運具

■ 培養無車族群 ■

■ 發展軌道運輸 ■

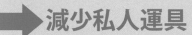

無

培養無車族群

策略1

建置自行車騎乘環境

倫敦正努力往自行車城市邁進。

臺北離自行車城市還有多遠？——借鏡倫敦的自行車政策

臺北的自行車政策不斷試驗與修正，引起許多討論，但究竟怎樣的市區自行車道才真正符合需求？市中心又該如何結合周邊區域提升自行車通勤行為？與臺北同樣努力往自行車城市邁進的倫敦，市長連任成功後提出的自行車新政策，有沒有值得臺北借鏡之處？

臺北邁向自行車城市，可說是不斷試驗與修正的過程。雖然河濱自行車道的完善建置有目共睹，但像敦化南路自行車道——利用市區幹道最外緣建置、位於人行道與一般車道間卻與靠路邊停站的公車相衝突——反而以失敗收場。

而隨著YouBike的啟用，臺北市政府改把腦筋動到人行道上，先採過渡性質的「人車共道」原則，將人行道的部分空間挪作自行車專用道，卻又造成行人的威脅。

後來，市府終於確立了繼續利用人行道讓自行車騎行、而另將人行道拓寬以便「人車分道」的方針。

二〇一五年初，市府宣示了自行車路網執行計畫，預計年內完成「三橫三縱」（信義路、仁愛路、南京東西路、中山北路、松江路、新生南路以及復興南北路）的市區路網；然後再分階段針對寬度四十與二十五公尺以上道路，完成自行車道鋪設。這些自行車路網，也將進一步銜接臺北和新北兩市之間的各座橋樑。

這些政策確實能讓臺北往自行車城市更邁進一步。然而，我們在此必須提出兩個問題：

・新政策看來仍是沿襲舊做法，在缺乏任何分隔設施的狀況下，人行道上設自行車道，只有鋪面不同，這樣真能確保行人的安全？

・臺北、新北將在聯絡橋樑上合作設置自行車道，此是純為了休閒用途，還是想取代兩市間龐大的機車通勤潮？自行車總會騎過橋到另一邊去，試問作為臺北市附廓的新北市，有無提出相應的自行車道規劃？

究竟怎樣的市區自行車道才真正符合騎士的需求？在通勤行為上，市中心又該如何與周邊區域

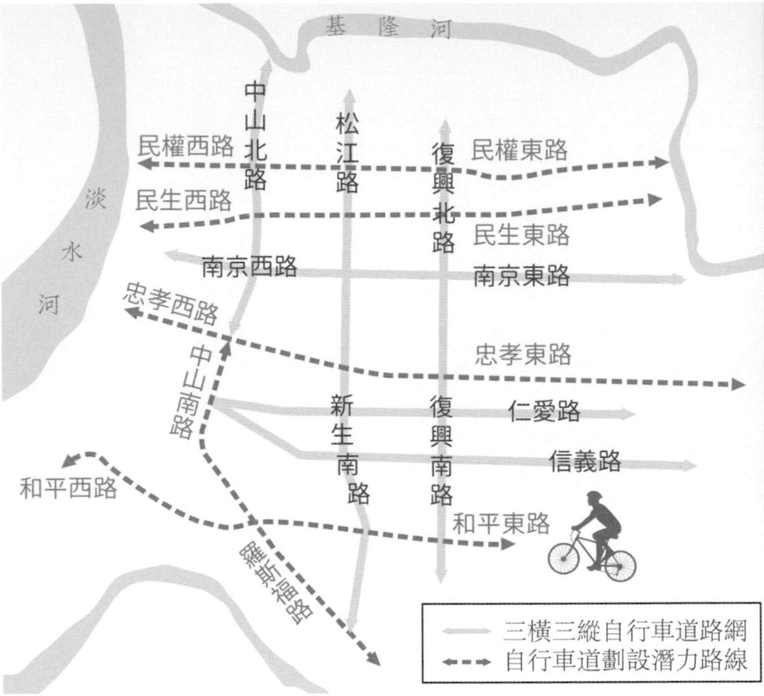

臺北市的「三橫三縱」自行車路網與潛力路線。

倫敦的自行車道設置原則為低於人行道，與路面同高，並與汽、機車分隔。

結合，共同提升自行車的使用風氣？

國際間最有名的「自行車首都」，當然非哥本哈根與阿姆斯特丹莫屬，但對於尚處自行車環境建置起步期的臺北來說，較值得取法的，卻應是同樣正努力往自行車城市邁進的倫敦。

倫敦市長的自行車政策

早在二〇〇八年，時任倫敦市長的李文斯頓（Ken Livingstone）就宣布建置十二條「自行車超級高速公路」（Cycle Superhighways），同年繼任市長的強森（Boris Johnson）也繼續推動此計畫，並在巴克萊銀行（Barclays Bank）的贊助下陸續建置完成，同時也開辦了公共自行車租賃系統。

強森贏得連任後，針對新的市長任期，於二〇一三年三月提出了新的自行車政策，稱為「倫敦市長的自行車願景——奧運留給所有倫敦人的遺產」（The Mayor's Vision for Cycling in London - An Olympic Legacy for all Londoners），訴求「更完善的路網」、「更安全的街道」、「更多人騎自行車」等三大主題、囊括十五項具體政策，總目標則是要為所有人打造更良好的生活環境。這些政策中，與自行車騎乘路徑的建置直接相關者，包括：

1……市中心自行車路網（A new network of cycle routes in central London）

倫敦市政府將與市中心各區合作，建置高品質、高流量的倫敦市中心自行車路網。有些路段會做出分隔，有些則採汽車與自行車共享的道路設計；甚至，在當地區公所的同意下，有些原本的汽車單行道會設置雙向（two-way 或 bi-directional）自行車道。

2……自行車橫貫道（A Crossrail for the bike）

市府將利用一條現有公路幹道，為倫敦的自行車騎士打造至少二十四公里長的東西向橫貫自行車道，這將是全歐洲最長的全段皆採分隔式設計之自行車道。

3……自行車超級高速公路的優化（Better Barclays Cycle Superhighways）

提升倫敦自行車超級高速公路的品質，以趕上國際模範案例的水準。自行車超級高速公路多位於市區的一級或二級幹道，與公共運輸的重要路線多有重疊，有鑑於自行車的騎行不應與公車的上、下客互相衝突，為確保自行車騎士的用路權，將優先考慮採用分隔措施。

除了沒有公車的道路，那些雖有公車行經、但寬度足以將公車站設於路中央分隔島的道路，以及公車單邊設站的單行道等，亦皆可採「全分隔式」（full segregation）設置自行車道。至於不具備上述條件的道路，則可採「半分隔式」（semi-segregation），讓自行車與公車共用專用道，或在一般車道與自行車道間放置貓眼等障礙物，使汽、機車無法干擾自行車的騎行。

4……自行車寧靜道（New Quietways）

就先天都市形構而言，倫敦充滿了側街與後巷。這些低交通量的路段，將被用來織成倫敦的「自行車寧靜道」網絡，以滿足廣大自行車騎士族群的不同偏好。

不是所有的自行車寧靜道都需要與汽車完全分隔，只要變更道路設計，讓自行車更易通行即可；有些路線會涵蓋水岸及公園，以利市民休閒。透過照明、監視器與巡邏加強寧靜道的夜間安全，沿線也會加強植樹與綠化，俾使成為城市中的綠色廊道。

5……郊區的荷蘭式自行車友善環境（'Mini-Hollands' in the suburbs）

倫敦郊區並不盛行騎自行車，市府將選擇三個位於市中心外圍的區，作為「迷你荷蘭」自行車友善政策的試行對象，不但要打造從當地到市中心的優質通勤路徑，重點更在鼓勵當地人們短程移動不開車，改騎自行車。實際的做法是，進行這些地方的核心區塊大改造，使整體環境變得對自行車更友善；援引「自行車寧靜道」概念，利用側街與後巷，建構從核心區塊輻射出去的自行車路網；在當地的火車站打造大型自行車停車中心；並輔以積極的行銷推廣。

6……地鐵式的自行車路網識別設計（A Tube network for the bike）

為讓人們易記易懂，倫敦的自行車路網會力求與既有的地鐵路線、公車路線以及主要幹道一致，並且依之命名；自行車路網圖的設計，也將採用與地鐵路線圖相同的風格。

7……鼓勵通勤族騎自行車（Helping commuters cycle）

倫敦市中心將增設許多自行車停車位；市府也將與英國國家鐵路公司合作，除了各郊區的火車站，亦會在市中心的主要火車站打造高容量、高安全性的自行車停車中心，該中心同時也會成為倫敦公共自行車系統的最大租賃站。市府也會爭取火車搭載自行車可以有更寬敞的空間、更一致的規則，同時亦將試辦地鐵部分路線離峰時段搭載自行車。

倫敦鼓勵通勤族騎自行車。

壅塞費區
——居民享九折優惠

倫敦的壅塞費區：每週一至週五上午七點至傍晚六點，在壅塞費區內駕駛者，每日需付十一．五英鎊的壅塞費。

至於其他八項政策則為：路口的優化、提升貨車駕駛的自行車友善意識、速限與駕訓、鼓勵兒童騎自行車、擴張公共自行車租賃系統、試驗電動自行車可行性、行銷推廣、市府與各區公所的合作夥伴關係。

反思臺北交通　應加強保護相對弱勢

臺北、倫敦兩城市的自行車政策思維，最明顯的差異就是：臺北是拓寬人行道以設置自行車道，倫敦則是拿既有馬路汽車道的一部分來讓自行車騎行。

雖然拓寬人行道亦等於既有馬路汽車道的縮減，但倫敦不但要汽車讓出空間與自行車共享，還以分隔設施確實保護兩者之中較弱勢的自行車，此外亦禁止自行車騎上人行道，違者罰三十英鎊至五百英鎊（約合新臺幣一千四百—二萬四千元）不等，並可遭公訴告發，清楚表現了「保護相對弱勢者」的交通政策思維。

反觀臺北，卻是要行人與自行車共用空間，如此雖能讓自行車免於動力車輛的威脅，但若沒有實體的分隔設施，自行車反而影響行人安全。

臺北經歷了敦南自行車道的噩夢，也應當注意到倫敦的用心，其特別考量了公車與自行車的衝突可能，進行相關調整。這與路口的優化、提升貨車駕駛的自行車友善意識、速限與駕訓等政策一樣，旨在全面提升自行車騎士的安全。

有人可能要問：給自行車越來越多的騎行空間，代表馬路也會越來越窄，難道交通壅塞不會因此加劇？這端看城市的長期交通願景究竟為何。

打定主意要逐步減少市中心車流量的倫敦，學習新加坡採「以價制量」策略，二〇〇三年起成為歐洲首個對汽車進入市中心課稅的城市，特定時段駛入「壅塞費區」（Congestion Charge Zone）的車輛必須繳納「倫敦壅塞費」（London congestion charge），因而大幅改善了交通問題。

兩城市的自行車專用道，大多依汽車及大眾運輸的主要幹道規劃，好處在於能減輕大眾運輸的部分負擔；但臺北的路網規劃可以再更有野心一些，例如：捷運行經的民權東西路、忠孝東西路、羅斯福路，以及公車密集的民生東西路、和平東西路，未來是不是都應該朝向設置自行車道的方向規劃？

臺北與倫敦一樣具有大量的側街後巷，依現行法規，寬十五公尺以下的街道不設人行道，但卻允許停車，導致有些街巷（如溫州街）交通機能不強，卻因停車而使空間變得侷促。這樣的現象是否合理？該是時候檢討，並找出適合改為自行車與行人路徑的側街後巷了！

至於直接與臺北市中心接壤的地區，包括士林、大直、內湖、南港、景美、木柵與新北市的三重、板橋、永和等，以及到臺北上班的火車通勤族主要來源地（如基隆、桃園、中壢等），都應改善道路與空間，使自行車更易通行。

因地制宜　以電動自行車取代機車通勤

倫敦鼓勵市民騎自行車通勤，並搭配火車及地鐵提出配套政策。那麼，目前擁有大量機車通勤潮的臺北呢？

倫敦要汽車讓出空間與自行車共享，並以分隔設施保護兩者之中較弱勢的自行車。

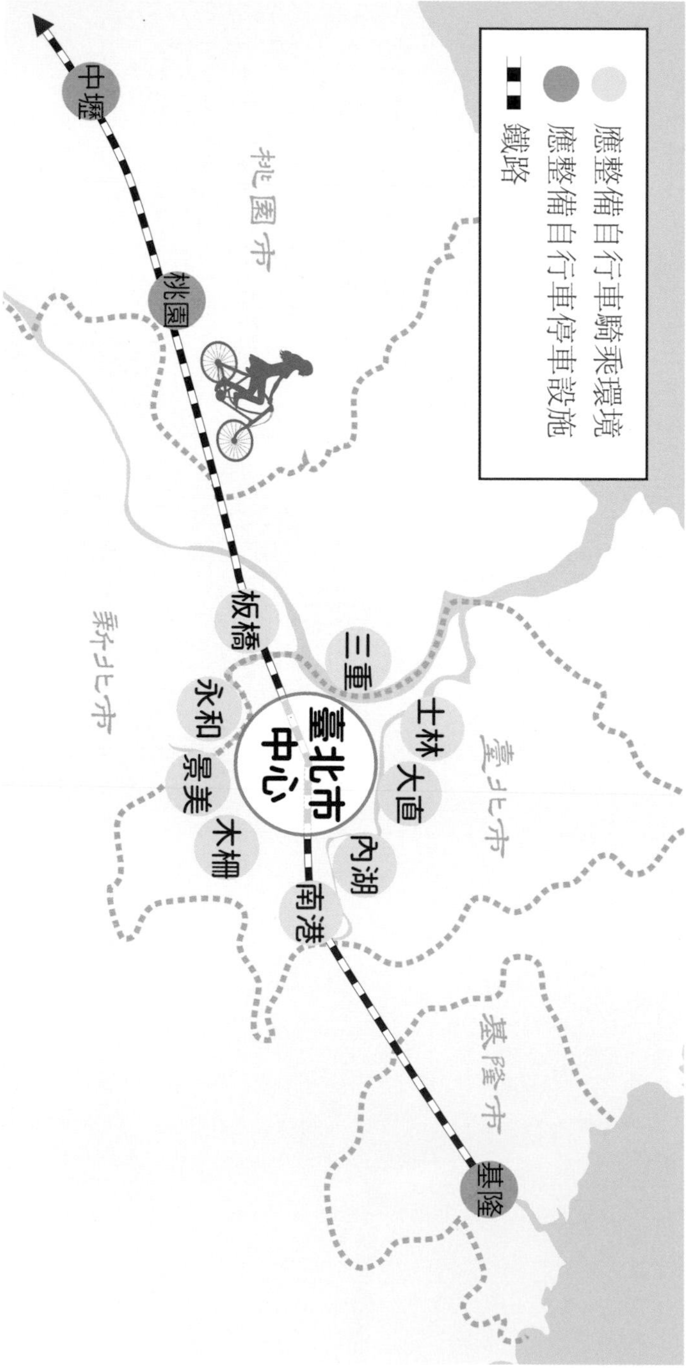

鼓勵自行車通勤應擴大到整個首都通勤圈。

臺北年均溫攝氏二十三度、最熱月均溫二十九・六度，氣候比倫敦炎熱許多，若倡導以傳統自行車通勤，對衣裝筆挺、不想流汗的上班族而言，料將窒礙難行。

「因地制宜」，更具推廣價值的，應該是電動自行車，其具備機車的優點（停車方便）而沒有機車的缺點（噪音、空汙），可成為取代機車的通勤工具。

臺北可挑選合適的捷運路線，試行平日離峰時間的自行車搭載，尤其可考慮特別保障電動自行車的搭載權作為鼓勵誘因。

臺鐵除可跟進外，更應針對首都通勤圈各主要火車站（如基隆、南港、松山、臺北、萬華、板橋、桃園、中壢等站）進行自行車停車設施整備——同樣地，這種設施的設計可刻意對電動自行車有利。

石油終將耗竭，未雨綢繆，擺脫對燃油動力車輛的依賴，擁抱步行、自行車及大眾運輸，永續交通（sustainable transport）才是臺北乃至於全球城市的未來。

政府的政策支持，讓共享汽車得以在荷蘭蓬勃發展。

無 培養無車族群

策略 2

推廣汽車共享

自行車能共享，汽車也能共享？——看荷蘭政府如何推動汽車共享

臺北市政府有意將 YouBike 的自行車共享觀念延伸，規劃「汽車共享」制度。汽車共享發源於瑞士，但各國案例中，以政府之力促成其發展者首推荷蘭，政府扮演了建立網絡與推廣的雙重角色。如果臺北要推動汽車共享，調整路邊停車格收費政策，是規劃共享車輛停放點的絕佳時機。

二〇一五年三月，臺北舉辦「Green + Together 二〇一五永續城市對話峰會」，臺北市長柯文哲在臺中、桃園以及德國杜賓根（Tübingen）等三

組織性汽車共享，即車輛由某組織擁有，成員透過預約程序就可以使用。

市市長的見證下，宣布將把「共享社會」的理念，納入臺北市城市發展的願景目標，並計畫將YouBike的自行車共享觀念延伸到汽車上，規劃「汽車共享」制度。

汽車共享對城市的好處，顯然在於減少龐大車流對交通所造成的負擔。根據英國《經濟學人》（*The Economist*）的分析，汽車共享可有效降低私人汽車持有數，每一臺共享汽車，可取代十五輛私家車。

到底什麼是「汽車共享」？首先需要釐清的是：「汽車共享」與「汽車共乘」有著完全不同的定義。汽車共享（car sharing）是「不同使用者對於同一車輛，接連且各自獨立的共同使用」，汽車所有權與使用權不屬同一人，每一車次的目的地與時間長短，係由每位使用者自己決定。但若是「多人同時使用同一部車」，這種行為則稱為汽車共乘（car pooling）。

汽車共享的形式可以很簡單（如家人之間對同一臺車的共享），也可以很複雜。在此，我們討論的汽車共享，是「組織性汽車共享」（organized car sharing），亦即若干臺車輛由某一個組織來擁有，而該組織之成員只要透過一定的預約程序就可以使用這些車輛。

汽車共享源於瑞士　荷蘭政府積極推行

最早的組織性汽車共享，係從瑞士開始，一九九○年代擴及鄰國如荷蘭、德國等地，其後不斷發展，迄至二○一二年底，全球已有二十七個國家、一百七十萬人加入了汽車共享的行列。

瑞士、荷蘭與德國，這三個汽車共享的先行國家，其引入汽車共享的方式卻是各自不同。

瑞士與德國是「由下而上」（bottom-up），由想要共享汽車的消費者，自行發起類似合作社（cooperatives）的組織，這種模式通常由小規模、地區型的實驗開始，站穩腳步後才擴張至更大的範圍。而荷蘭式的汽車共享，則是「由上而下」（top-down）的發展模式，由交通部帶頭，將幾個對汽車共享有興趣、且已活躍於其他相關領域（如租車、交通資訊等）的大型全國性組織整合起來，並建立共同平臺，以推動汽車共享。

回到臺灣的脈絡來談，雖然當前臺灣的汽車共享還未成氣候，但既然政府人士已表露出對汽車共享的興趣，在此，且讓我們稍探荷蘭汽車共享於一九九○年代的初期發展歷程。

荷蘭政府的汽車共享政策，是對於「既存的小型市場」所做出的反應。

政府只是建立平臺　共享仍賴市場運作

荷蘭的汽車共享發展，看似由政府帶頭推動，實際上仍是市場主導。荷蘭汽車共享基金會指出，荷蘭政府為共享政策所提出的規劃，充其量只是對於「既存的小型市場」所做出的反應——如果荷蘭的汽車共享市場沒有發展潛力，政府的動作也就沒有機會奏效——因此，市場，或說是消費者，才是主導荷蘭汽車共享發展的核心力量。政府所發揮的功能，乃在於建立開放式平臺，使參與業者之間的合作得以強化。

荷蘭有些汽車共享組織，其實也和瑞士與德國相同，是由民間自發創立。這些自發性民間組織的汽車，通常也就置於其會員家附近。但，與瑞、德兩國那種合作社制度不同的是，荷蘭的汽車共享組織是徹頭徹尾的「企業」，其會員對於組織

汽車共享並非汽車共乘，汽車的所有權與使用權不屬同一人。

的運作無權置喙。

荷蘭的租車公司、車商、全國性的交通俱樂部等既存組織，提供創新型租車服務，也均被歸類成汽車共享。但與荷蘭這種寬鬆定義相對的，卻是嚴苛的歐盟標準。歐盟以業者與消費者之間的接觸關係作為認定依據，租車是短期的，汽車共享則是長期的，兩者仍有不同。

荷蘭汽車共享發展初期的分類

從預約與使用的方式來看，荷蘭的汽車共享發展初期可分為三類：

1……社區汽車共享

與瑞士及德國常見的「汽車共享合作社」類似，車子停放在會員的家附近；會員除了需付月費或年費，還要繳納一筆押金，退會時才可以拿回。入會後，會員能得到一張晶片卡，每次取車時，需先使用這張卡開啟停車位附近裝有車鑰匙的小盒子。使用者每次至少租借一小時，借畢後須將車輛停回原處；時間、里程、車種皆納入每次使用的計費標準中，電腦也會將駕駛資料自動傳回控制中心，以便收費。

2⋯⋯汽車共享券

通常由租車公司推動。共享汽車的價錢比一般租車低，使用者只要購買一本共享券，便可使用某個車隊的車輛，但必須在借車前幾天就預約，且於租車公司的營業時間內透過電話預約。車輛停放在公司擁有的若干地點。每次借車都須出示駕照，也要繳納押金，至少需租借半天。借畢須將車輛停回原處。

3⋯⋯訂車制

通常由全國交通俱樂部推動。消費者必須在每年度的開始之際，決定今年借車次數以及要借的車種，然後付費購買「訂車權」，之後如果想要更改，就再多付錢即可。消費者不需付押金，每年僅需支付少許行政費用。使用車輛停放在俱樂部擁有的若干地點，消費者借畢後不須將車輛停回原處，可以甲地借乙地還。每次用車前，只要提前幾個小時在俱樂部的營業時間內電話預約就可以了，每次至少租借二十四小時，每年至少應租借十天。

除此之外，還有一種「企業內汽車共享」的制度，亦即由一家公司購置若干車輛，並在其內部建立汽車共享機制，供員工使用，作為公司福利的一部分。

荷蘭政府大力支持汽車共享以作為一項能減少車輛交通的重要策略性創新。荷蘭的「交通、公共工程與水資源管理部」（現已改組為「基礎建設與環境部」）在此扮演了建立網絡與推廣的雙重角色，一步一步走，先做可行性研究，再建立開放式平臺讓參與業者合作，而後則建立推廣中心。

荷蘭的汽車共享推廣中心經費全由政府負責，中程目標則是要轉為公私合資。除了中央政府努力推動汽車共享之外，荷蘭的各地方政府於擴展居住區域時，在新社區的規劃階段，亦納入了汽車共享制度。

停車收費調整時機　有望推動汽車共享

在荷蘭，汽車共享並不是具爭議的政策，社會各界普遍都能支持。不過，我們仍需注意，即使是共識明確的荷蘭，在促成汽車共享的發展上，政府仍是最重要也最關鍵的推動力量。

歐盟執委會於一九九八年完成了一項對瑞士、德國、荷蘭三國汽車共享的研究，提出汽車共享的五大成功要素：「須給汽車使用者帶來實際益處」、「車輛停放點須有一定的密度」、「須有密度夠高且夠吸引人使用的大眾運輸系統為前提」、「須有政策支持」、「須有新科技的支援」。

與二十年前相比，今日的世界顯然更具優勢。交通電子票卡、手機應用程式等新科技，皆已改善了汽車共享的服務，更加造福了使用者。

用以上標準來檢驗臺灣，就大眾運輸與政策支持而言，臺北確實是臺灣最有可能先發展汽車共享的城市，但先決條件是必須密集規劃車輛停放點。

推動汽車共享，應搭配建置電動車環境。

臺北市通盤檢討停車收費問題後，針對以往常見的免費停車格被長期占用問題提出了對策。全市約有五萬個路邊停車格，其中約二・三萬個不收費，但在漸進調整之下，於二〇一六年底開始全市路邊停車格收費，而未來新劃設的停車格同樣將會收費，以落實「使用者付費」之原則。

這項政策，有望撼動臺北人的停車習慣，也能讓臺北市政府對於路邊停車格——本來就屬於公共所有的資源——擁有更大的掌控權。如果臺北要推動汽車共享，這豈不正是市府能夠協助業者密集規劃車輛停放點的絕佳時機？

臺北捷運通車以來一直無法撼動的交通問題，優化的公車服務或許就能改善。

無

培養無車族群

策略 3

發展公車捷運（BRT）

推動BRT的策略與決心！——看哥倫比亞波哥大的BRT經驗

臺北為拉高公共運輸市占率，寄希望於公車，但比起公車專用道，BRT才能真正提升車速與班次頻率。哥倫比亞首都波哥大推動BRT不只把系統本身做好，更刻意降低私人動力運具便利性，推力與拉力兼施。

在二〇一五年三月的「Green + Together 二〇一五永續城市對話峰會」上，面對德國杜賓根市長帕爾默（Boris Palmer）建議「禁止機車，用電動機車取代，減少空汙及噪音，讓城市更乾淨而安靜」，臺北市長柯文哲則主張發展優良的公共運輸來「疏導」機車問題，而捷運、公車、計程車和微笑單車（YouBike）都屬於公共運輸的範疇。

針對公車，臺北市政府將在二〇一七年底前完成臺北公車路網的整頓，未來，「以幹道為主的棋盤式路網」預計可將公車運量提高十五%。針對計程車，要推動計程車智慧化、電子化、派遣化管理。針對自行車，則致力在全市幹道廣設自行車專用道、增加YouBike車輛數及租賃站數量。

目前公共運輸只占臺北市民出行方式的五十二%，市府希望能提升到八十%。要達到如此具有野心的市占率目標，需要「推力」和「拉力」，讓搭乘公共運輸的支出低於騎乘機車。

公車專用道不如BRT快而班次密集

要用公共運輸來改善臺北的交通，寄望於公車是最正確的。畢竟，計程車與自行車——前者太貴，後者騎不遠——都只能作為短時、短程的輔助交通工具而已。

公車有比捷運更高的「滲透率」（penetration），要改善臺北捷運自一九九六年通車以來都無法撼動的交通問題，優化的公車服務，或許就是臺北的運輸解方。

但交通改革所涉及的既然是民眾交通習慣的改變，就應洞察民眾選擇交通工具（mode of transport）時的考量因素：除了金錢成本，亦有「時間成本」。而在目前的臺北，騎機車比起搭公車較便宜，也較「快」，更何況公車班次也不夠密集。

BRT最早發源於巴西，但卻是在哥倫比亞發揚光大。

如何讓公車更快？發展公車捷運（Bus Rapid Transit，常簡稱為BRT）系統，是廣為世界各國認可的不二法門。

事實上，許多城市在發展有軌道的大眾捷運前，就是以BRT系統提供有效的公共運輸服務；至於已具備有軌捷運的城市，亦不乏發展BRT以補有軌捷運之不足的案例（如泰國曼谷）。

臺北從二〇〇一年啟用的公車專用道，即已具有BRT的雛形，也確實加快了公車的速度。但是，大量民眾仍然選擇以機車而非公車代步，就清楚說明了公車專用道與真正的BRT還相去甚遠。

BRT最早發源於巴西，但卻是在哥倫比亞發揚光大——這個南美洲國家，除以毒梟與選美皇后為人所知，其實更有享譽世界的BRT系統。讓我們一起來看看哥倫比亞首都波哥大（Bogotá）的ＢＲＴ有何值得借鏡之處。

ＢＲＴ提升哥倫比亞國際形象

波哥大的都會區面積約一千六百平方公里（大臺北地區約兩千五百平方公里）、人口約一千一百萬人（大臺北地區約七百萬人）。該市雖有整齊的道路網規劃，但因城市發展快速，道路交通壅塞日益嚴重，公共運輸服務則仰賴逾千家品質參差不齊的公車業者提供。

競選三次波哥大市長終於成功的潘納羅薩（Enrique Peñalosa）於一九九八年初開始其四年的市長任期時，市政府正研議斥資數十億美元建立普及全市的高架公路網。潘納羅薩與他的市政團隊，當時即認為這方案不但不能解決交通問題，且將會造成巨大的環境衝擊。

他們研究了鄰國巴西的庫里奇巴（Curitiba）於一九七四年啟用的世界首個ＢＲＴ系統，認為波哥大人口雖然遠超過庫里奇巴（都會區人口約三百萬人），但仍可移植其經驗，於是拍板定案建立波哥大的ＢＲＴ。波哥大自一九四七年以來長達半世紀對於公車系統改善的研究，終得付諸實行。

波哥大的ＢＲＴ命名為「TransMilenio」（意為「跨越千禧」），由政府負責建設，國有公司負責規劃、管理與品質管控，並直接向市長辦公室匯報，至於人力安排、乘客收費、車輛營運與維修等則由民間業者承包。

建設工程分三期進行，第一期僅斥資二・四億美元，蓋了四條幹線、總計約四十一公里的路網，於二〇〇〇年底即告通車。第二、三期工程則逐步將 TransMilenio 擴大為全世界規模最大（十二條幹線、總長約一百一十三公里）、較先進也較為成功的BRT系統。

TransMilenio 確實縮短了幹道上的公車行駛時間。舉例而言，若搭公車走同樣一條三十公里的路，一九九八年約需兩小時十五分鐘，到了二〇〇九年只需五十五分鐘，這得歸功於全系統能維持二十五至三十公里的平均時速。全系統約有兩千輛的幹道公車，提供每七分鐘一班的平均服務頻率，每日運量高達兩百萬人次，從早到晚幾乎都滿載。

對發展BRT有興趣的世界各國，包括美國在內，看到了 TransMilenio 的成功，皆來觀摩學習，不但讓哥倫比亞與波哥大的國際形象提升，也成為潘納羅薩的從政代表作，最終為他贏得了又一任的波哥大市長任期（二〇一六—二〇一九年）。

降低私人動力運具便利性　輔助BRT成功

為何 TransMilenio 可以成功？以下從系統本身、輔助條件兩方面分析。

從系統本身來看，TransMilenio 除了符合BRT的基本要件，包括雙節或三節公車、中央島式月臺、封閉式車站、月臺與車輛底盤同高、專用路權、行控中心等等，還有一個較顯著的特色：主要車站兩邊均有兩線寬的車道，使BRT車輛可以超車，提升營運效率。

至於輔助條件，則更是 TransMilenio 成功的關鍵所在，又可細分為「拉力」跟「推力」兩種。

波哥大BRT成功的關鍵之一是：只供行人及大眾運輸車輛使用的「運輸廊道」。

作為「拉力」的輔助條件，圍繞的中心思想是「讓BRT更易親近」，包括：讓接駁小巴士穿梭於全市眾多社區之間，免費載運市民出入BRT車站；在部分BRT車站內，提供免費且充足的自行車停車設施；營造與BRT車站連通的緩坡無階梯高架陸橋，供行人與自行車使用；以及在全市鋪設總長三百五十公里的自行車道路網。

在此值得一提的是，根據TransMilenio的計算，每成功吸引二十個人騎自行車前來使用BRT，即可取代一部接駁小巴士，這也讓TransMilenio及波哥大市府出於節省經費的動機，而採上述諸般措施以積極鼓勵市民騎自行車轉乘BRT。

作為「推力」的輔助條件，則以「讓私人動力運具的使用更不方便」作為核心價值，包括：停車政策緊縮化；於特定日期的尖峰時刻依車牌號碼管制車輛上路；不定期擇日辦理大規模的市區無車日；在加起來超過一百公里長的其他市區道路實施每週日行人徒步區化的封街政策；甚至還將若干市區道路直接改造為行人徒步區或只供大眾運輸車輛使用的「運輸廊道」（transit malls）。

臺北幹道公車宜考慮升級為ＢＲＴ

波哥大在發展ＢＲＴ系統「TransMilenio」時，同時考慮了系統本身與輔助條件，一方面將ＢＲＴ本身發展完善，另一方面則營造「拉力」與「推力」並重的輔助條件，全力促成ＢＲＴ的成功。其中的「推力」，也就是對於私人動力運具採取限制措施，最易招致民間反彈，但為徹底改革都市交通亂象、確保公共運輸投資效益，政府也堅持專業判斷，拿出魄力執行。

對於臺北，我們除需肯定市政團隊進步的交通政策思維外，也不能不加以提醒：

一、公車要夠快速、班次夠密集，才有可能真正大規模取代機車。

二、ＢＲＴ比公車專用道更能有效提升公車速度。

三、臺北不宜以現有的捷運及公車系統自滿，仍需評估發展ＢＲＴ的可能，而未來的公車路網既然將以幹道為主，離ＢＲＴ亦僅是咫尺之遙而已，可考慮升級成真正的ＢＲＴ。

四、若能提供深入全市社區道路、班次足夠密集的免費接駁小巴士，將有助於公共運輸對於機車發揮更大的取代作用。

波哥大BRT的封閉式車站。

五、以臺北一年大半炎熱多雨的氣候，不應指望民眾以自行車完成通勤全程，而應著眼於發展自行車成為轉乘捷運與公車的短程接駁工具。

臺中從二〇一四至二〇一五年曇花一現的BRT系統，原本意在作為捷運路線的先導，但因未滿足上述BRT的諸項要件，而無法有效發揮功能，遂以失敗告終，改為公車專用道。正在規劃BRT的高雄，宜記取臺中失敗的教訓。

其實，高雄在二〇一二年早已派員考察BRT營運成熟的庫里奇巴與波哥大。能與捷運、輕軌相互發揮加乘效果的高雄BRT若順利誕生，品質應是相當可期。

波特蘭林蔭大道現況。

軌 發展軌道運輸

策略 1

輕軌沿線街道的活化與持續維護

讓輕軌活化城市的街道！——以美國波特蘭林蔭大道為典範

高雄迎來臺灣的第一條輕軌，但是故事必定有美好的結局嗎？美國波特蘭林蔭大道的例子告訴我們，若欠缺後續維護，輕軌所經街道也有衰敗的可能，多虧及時開展的活化計畫，拯救了這條市民廊道。若想未雨綢繆，高雄應該從姐妹市波特蘭的經驗中學習。

二〇一六年七月，「高雄環狀輕軌捷運」C1籬仔內站至C8高雄展覽館站串連通車。臺灣的第一條輕軌，終於正式上路了。

高雄捷運系統紅、橘兩線完工通車以來，使用率一直偏低，並未充分發揮投資效益。所以高雄在原有的捷運十字路網上，添加了輕軌環狀路網，期能提升大眾運輸服務、促進產業發展、降低噪音及空氣汙染，並塑造國際化的現代都市意象。

採用臺鐵高雄臨港線原路線的高雄輕軌，早在二〇〇一年即展開規劃，當時的市長謝長廷曾赴美國奧勒岡（Oregon）州，訪問高雄在當地的姐妹市——波特蘭（Portland），理由之一就是為了考察當地的輕軌建設；繼任的市長陳菊亦曾參訪，並將波特蘭經驗列為高雄發展的重要參考案例。

擁有「全美最宜居城市」美譽的波特蘭，是北美率先嘗試將密集班次的輕軌與巴士整合在同一路廊的城市。

然而，波特蘭的輕軌及其所經之林蔭大道（The Portland Mall），曾一度因維護經費漸減，導致空間品質惡化，一直到二〇〇九年該市執行了「波特蘭林蔭大道活化計畫」（Portland Mall Revitalization Plan），才拯救了這條廊道。

波特蘭在此所展現的政策思維超越了交通建設的範疇，進一步結合了都市設計與場所營造等觀念，頗值得高雄參考。

林蔭大道活化計畫　讓輕軌沿線起死回生

一九七〇年代，波特蘭針對市中心區擬定再生計畫，於一九七六至一九七八年間造了一條在技術上領先當時全美各城市的林蔭大道，以因應交通壅塞、投資減少及城市形態定義不明等問題。這條大道獲得了多個設計獎項。一九九七年，波特

高雄輕軌展開規劃時，曾以波特蘭當地輕軌建設為參考。

波特蘭的街道上，輕軌與汽車並行。

蘭在林蔭大道上架設了區域輕軌交通系統，更強化了它的城市運輸大動脈之地位。

隨著時間過去，由於公、私部門挹注於林蔭大道的維護經費漸減，沿線的遊人與商家也慢慢少了，引來許多犯罪問題在此滋生；同時，政府預估二〇三〇年前波特蘭及周邊都會區將新增一百萬人口。為一併解決上述問題，林蔭大道的沿線再生計畫遂被寄予厚望。

都會區層級的政府 Metro、交通單位 TriMet，皆與波特蘭市政府合作，向民間的波特蘭商會以及都市設計師招手，一起擬出了林蔭大道願景，將其定位為市民空間，並欲在此將步行、自行車、汽車、輕軌及高運量公車等多種交通方式串連在一起。

這項波特蘭林蔭大道活化計畫，是該市最大的公共工程，斥資二・二億美元（新臺幣六十六億元），計畫總長一・七英哩（二・七四公里），重建或修復了五十八個街廓及路口，在路口還特別透過鋪面顏色加強標示了行人空間的延續性；此外也改善了人行道及其上的大眾運輸候車亭和公共藝術，亦劃定了連續而暢通的汽車道與自行車道，並限制了沿線商家的停車及卸貨區。

都市設計師掌舵　擴大公民參與凝聚共識

交通單位 TriMet 向來被視為美國運輸界的創新者，在這個看似單純的交通建設計畫上，亦能擺脫本位主義，請了都市設計及景觀建築專業者掌兵符，借重其監督能力、通盤觀念的掌握程度、對細節的注重，以及溝通協調與整合的經驗，領導龐大而跨領域的工程師及專家團隊，以六年時

大眾運輸、私人車輛，以及步行，各種交通方式和平並存。

間完成設計及施工。

這項公共工程如何吸引社會大眾的注意和支持？計畫主持人和 TriMet 的社區關係部門合作，組建了龐大的公民顧問委員會，在計畫執行的六年間不斷進行各項評估工作，凝聚出共識，以提升設計品質。

他們達成的共識是：公車和輕軌交錯共用兩個車道寬的路面空間，並在右側的人行道進行上、下客；汽車和自行車共用一個車道。

廊道沿線商家則特別提出了一個目標：街道各元素應以開放的視覺原則設計，將大眾運輸與街道生活整合在一起。

還有一個共識是：整條廊道必須要有「連續性」與「多樣性」兩大特質，這兩個特質應該展現在鋪面、燈具、候車亭、標示系統、公共藝術、街道家具（如倚欄及自行車停車架等），以及新引入的防災景觀設計中。

廊道沿線原有的六百棵大樹，有四百棵被保留下來，另外加種一百一十五棵作為彌補，以增強林蔭意象。

從節能防災到維護管理　體現永續性原則

該計畫可說是在各層次都體現了永續性（sustainability）的原則：對於波特蘭老舊的市中心進行再投資，強化該市的都市形構；也改善了大眾運輸，讓更多人願意採用這種比開車更環保的交通方式；並且促進了公、私部門間的夥伴關係，以確保投資能持續發揮效益。

波特蘭林蔭大道輕軌沿線活躍的街道生活。

該計畫在街燈、候車亭及標示系統上，採用了更節省能源的新科技。而為防暴雨成洪而採用的透水鋪面及開放性植栽帶，可截斷人行道上的水流；草溝則可阻斷路面上的水流。

讓整條大道的活力可以更強化、更擴散，是該計畫的重要目標，因此 TriMet 積極促進市中心區商家共同參與，並提供設計顧問及低利貸款等資源。因此，波特蘭林蔭大道於二〇〇九年完成活化的同時，亦有四十處店家立面及兩家旅館整修完畢。換句話說，這個二·二億美元的計畫，成功引動了十五億美元（新臺幣四百五十億元）的周邊民間投資。

為長期發展考量，活化計畫在一開始就納入民間商業力量，這也催生了由企業家、波特蘭市政府及 TriMet 共同組成的非營利企業「波特蘭林蔭大道管理公司」（Portland Mall Management, Inc.），並由波特蘭商會提供每年約兩百萬美元（新臺幣六千萬元）的預算，永久維護林蔭大道。

公私部門通力合作　讓輕軌持續活化城市

在波特蘭林蔭大道活化計畫的執行過程中，我們應該特別注意兩件事：

一、主事者盡力促進公民參與，尤其重視周邊商家的意見，因為街道活力的復甦與商業密切相關。

二、計畫得到民間企業的支持，也等於有了新的潛在資金來源，遂順勢成立機構以確保後續街道維護工作的進行。

把目光移回高雄。高雄輕軌舉行了車站徵名與民眾票選活動，可說是促進全民認識並關心輕軌的好做法。未來，我們樂見更持久的公、私部門合作：高雄市政府與高雄捷運公司可學習波特蘭，說服高雄市商業會或其他的民間組織，出資成立專門管理輕軌沿線之街道商業活動及空間的公司，讓這條臺灣第一的輕軌能持續為城市帶來活力。

日本的民營軌道運輸發展蓬勃。

軌

發展軌道運輸

策略 2

讓民間業者興建軌道運輸

減碳蓋輕軌，經費從哪來？——借鏡日本發達的民營軌道運輸

巴黎氣候峰會對臺灣的首要訊息，就是臺灣應積極發展軌道運輸。輕軌興建成本比捷運更低廉，現今政府財政吃緊，應讓民間看到軌道運輸有利可圖，進而參與BOT，日本民營軌道運輸業者的附屬事業經營策略頗足借鏡。

在法國巴黎舉行的「二〇一五年聯合國氣候峰會」落幕了，會中通過《巴黎協議》（*Paris Agreement*）取代《京都議定書》並設定新的減碳目標：讓地球平均溫度從現在起到二一〇〇年為止不增加超過

軌道運輸與公車相比，更能吸引原本使用私人運具的通勤族轉移過來。

攝氏二度，並盡量控制在一．五度以內。

臺灣參與此次會議的政商代表均表示：交通運輸產業排碳量大，未來軌道運輸應有更大發展空間。

而在都會區裡，鐵路、捷運、輕軌等軌道運輸的好處，當然不只是減碳而已。

軌道運輸服務班次頻繁、穩定，行駛速度夠快，行駛時間也可準確估算，與同樣是大眾運輸工具的公車相比，更能吸引原本使用汽、機車等私人運具的通勤族轉移過來，可有效紓解塞車情形、降低停車需求、減緩空氣汙染與噪音問題——以臺北市為例，公車乘客多是女性、長者及兒童，對於男性及年輕人來說，公車因少了快速而沒有吸引力。

目前臺北與高雄已有捷運系統，臺中與桃園則陸續興建中，新竹、嘉義及臺南也均曾有蓋捷運的規劃。然而，隨著中央及地方政府財政的惡化，加上高雄捷運通車後營運狀況不如預期，各城市的捷運新建或擴建計畫阻力陡增。

輕軌比捷運便宜　政府宜鼓勵民間參與ＢＯＴ

在路面上架設專用軌道行駛的輕軌（light rail transit），興建的成本比捷運低廉許多，被許多地方視為可行的替代方案。高雄，以及臺北的淡海、安坑皆陸續興建輕軌。

觀光資源豐富的臺南也想加入軌道運輸的行列。臺南市政府的初步構想，係在市區現有的安全島上架設高架橋墩，行駛單軌電車，預計採ＢＯＴ模式招商興建。

對於臺北以外欲發展軌道運輸的城市，中央政府抱持高度審慎態度，審查十分嚴格，要獲得經費補助更是不易。因此，高雄當初也欲採ＢＯＴ模式興建輕軌，不料招商三次均告流標，最後乃由帳面上的負債額度（約新臺幣兩千三百億元）已達全國各縣市第一的高雄市政府，再斥資新臺幣一百六十五億元自行興建。

有鑑於此，臺南及其他打算招商發展軌道運輸的城市，應致力讓民間業者了解，興建軌道運輸對他們而言有利可圖。舉例來說，日本的民營軌道運輸事業之所以蓬勃發展至今，與各業者的附屬事業開發有著密切關係。

日本民營軌道運輸蓬勃　沿線開發功不可沒

日本政府在一八七二年於東京及橫濱之間開闢了

日本民營鐵路為避免經營惡化而致力開發軌道沿線的附屬事業。

全國第一條鐵路，而第一家民營鐵路公司「日本鐵道會社」則在一八八一年成立，經營東北地方的軌道運輸事業，後被政府收購。

同一時期，日本的民營鐵路公司如雨後春筍般出現，截至一八九〇年代初期，民營鐵路路線長度已超過國營鐵路，遂有日本鐵路史上第一部法律《鐵道敷設法》之頒布，以規範鐵路的建設，包括全國各主要幹線的路線規劃。

日本連續於中日甲午戰爭、日俄戰爭得勝後，為進一步加強國家的軍事力量，於一九〇七年將全國所有的幹線鐵路收歸國有，民營鐵路頓時幾乎消失。

所幸，日本政府又在一九一〇年制定《輕便鐵道法》，容許民營鐵路公司在各都市內、外興建長

著名的甲子園棒球場，其實是大型軌道運輸業者的附屬事業。

度較短的電氣化鐵路，該法同樣亦含有各條路線的規劃。

到了經濟大蕭條籠罩全球的一九三〇年代，一方面民間消費受挫、旅運需求減少，一方面又恰逢汽車興起，日本的國營、民營鐵路為避免經營惡化而各出奇招：國營鐵路開始提供特急列車及客運巴士，民營鐵路則致力開發軌道沿線的住宅與遊樂園等附屬事業。

第二次世界大戰爆發，在日本軍方的要求下，政府又大舉將民營鐵路收歸國有；直至戰後，日本的民營軌道運輸事業才再次活躍起來。

目前日本共有十六家大型民營軌道運輸業者（大手私鉄），集中於東京、大阪、名古屋、福岡等四大都市圈。

多角化經營的軌道業者　周邊事業五花八門

在近畿地方（又稱為關西地方），日本國鐵（即JR集團之前身）早在一八七〇年代就已將京都、大阪、神戶等各主要城市間的聯絡網初步建置完成，但民營軌道運輸業者後來居上，至今其運量已超越原屬國營的JR集團。

由JR集團發行、於近畿地方通用的智慧交通票證「ICOCA」與各種交通系統合作，使用該卡的民眾可在各種不分國營、民營的軌道運輸及公車服務之間轉換無礙。

近畿地方的大型軌道運輸業者有以下五家：近畿日本鐵道（近鐵）、南海電氣鐵道（南海）、京阪電氣鐵道（京阪）、阪急電鐵（阪急）、阪神電氣鐵道（阪神）。

在軌道運輸本業之外，這些業者也致力於周邊事業的發展，諸如住宅、辦公、旅館、百貨購物商城、遊樂園等不動產開發，以及水陸接駁與觀光交通、物流、旅行社，甚至是美術館、棒球場與歌舞劇場等。

具備條件的城市應積極爭取　已有軌道運輸的城市宜提高密度

世界上大多數國家出於財務及軍事考量，由政府壟斷軌道運輸事業，與之相比，日本民營軌道運輸相對發達，可說十分特殊，頗有值得取法之處。

日本官方掌握軌道路線的規劃權，也透過國土交通省鐵道局作為主管機關來監督民間軌道運輸業者，業者則合組「日本民營鐵道協會」互通聲氣，並各採多角化經營策略，使軌道運輸與周邊事業相互加乘，既增加企業營收，也為城市注入活力、提升生活品質。

事實上，在日治時期的臺灣，民營軌道運輸一度也很發達。日本領臺之初即積極發展鐵路建設，除以政府之力完成縱貫鐵道外，也利用逐步撤廢的軍用輕便鐵道之軌條，鼓勵民間組成輕便鐵道企業接手經營。

在臺北，新店線鐵路便是在這樣的背景下於一九二一年通車，此鐵路因連接萬華與新店兩地，故又俗稱「萬新鐵路」，戰後由臺鐵收購，營運狀況逐年下滑，終至一九六五年廢止、一九七〇年全線拆除，路基大致改建為公路，其中萬華與公館間路段即成為今天的汀州路。

如今，為處理全球暖化與城市問題，軌道運輸再成顯學。臺南（都會區人口一百二十七萬人）、新竹（都會區人口一百一十四萬人）等具備足夠條件但卻尚未擁有軌道運輸的城市，也都在積極爭取中。

至於已有軌道運輸的城市，也應考慮進一步擴大其服務密度，尤其是人口稠密的臺北都會區，在已規劃的捷運遠期路網之外，我們不妨發揮更大的想像力——例如：新店線鐵路能不能復活，在汀州路全段鋪設輕軌，連接萬華與公館，為崁頂、螢橋地區注入活力？

甚至，再更有野心一點，如立法委員姚文智所主張的，從萬華再往北延伸至大稻埕、大龍峒、社子等地，成為復興臺北西區的「文化輕軌」？

曾經存在的軍用鐵路「三張犁支線」是否也可能重生，為中崙地區提供軌道運輸，並連結華山文

臺北若能利用舊鐵路路線規劃輕軌，既可透過運輸讓地方繁榮，也可以兼顧環保。

創園區與信義計畫區？

這些建設的經費要從哪裡來？除了爭取中央政府補助之外，讓民間業者看到軌道運輸相關事業的發展性、可獲利性，進而踴躍投入，應會是更永續的解決辦法。

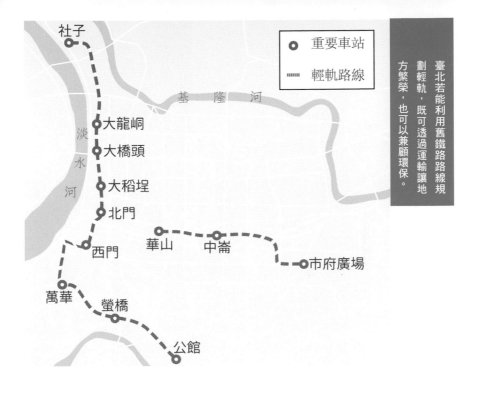

臺北西區門戶計畫，將從重新打造北門開始。

軌 發展軌道運輸

策略3

以TOD模式進行都市區域再生

利用大眾運輸，讓舊城區活化再生！——看舊金山的市場奧塔維亞區域計畫

忠孝橋引道拆除，古蹟北門風華再現，但臺北老舊西區的活化再生，應需要更細緻的策略。美國舊金山在拆高架公路的同時，就好好把握了難得的機會，提出周邊社區發展計畫，最終打造出廣受喜愛的新生區域。

北門，在臺北府城五大城門中碩果僅存，是唯一保持原貌者，曾多次險遭拆除，如今命運終於步上坦途，重返光輝。

為配合即將通車的機場捷運而在臺北車站一帶打造國家門戶意象，也為回應文化界多年的呼籲，臺北市政府在二〇一六年將距離古蹟北門不到兩公尺的忠孝橋引道完全拆除。

市府正式公布了「西區門戶計畫」，進一步調整若干道路的交通動線，打造「北門廣場」。向來給人老舊印象的臺北西區，能不能藉此機遇活化再生？我們能否有更細緻的再生策略？僅僅幾年前，美國舊金山在拆除市中心的一段高架公路之餘，也同時提出了周邊社區的發展計畫，因而造就了本地人和觀光客都喜愛的新生區域，可作為參考。

高架公路震後拆除　帶來都更大好機會

市場奧塔維亞社區（Market & Octavia）位於舊金山市中心、市政廳西側，日夜人潮不斷，有舊金山的文化心臟及首要道路「市場街」（Market Street）貫穿而過，是全市性乃至於區域性的運輸匯流點，不但有十多條大眾運輸路線經過本社區，亦是舊金山灣區捷運系統（BART）與區域公路系統的核心，這裡就像是供人們經過的十字路口，都會性格非常濃厚。

在此社區裡，緊密接合的街道與巷弄，非常適合步行及騎乘自行車，而此地也享有方便的公共運輸，並有多條商業街能滿足人們的日常需求。但這樣占盡優勢的社區，過去卻曾被大型基礎建設深深傷害。

隨著汽車越來越普及，一九五九年，中央公路（Central Freeway）通車，所經地區遂得屈居於高架橋的陰影下。該公路抵達本社區時帶來大量車流，

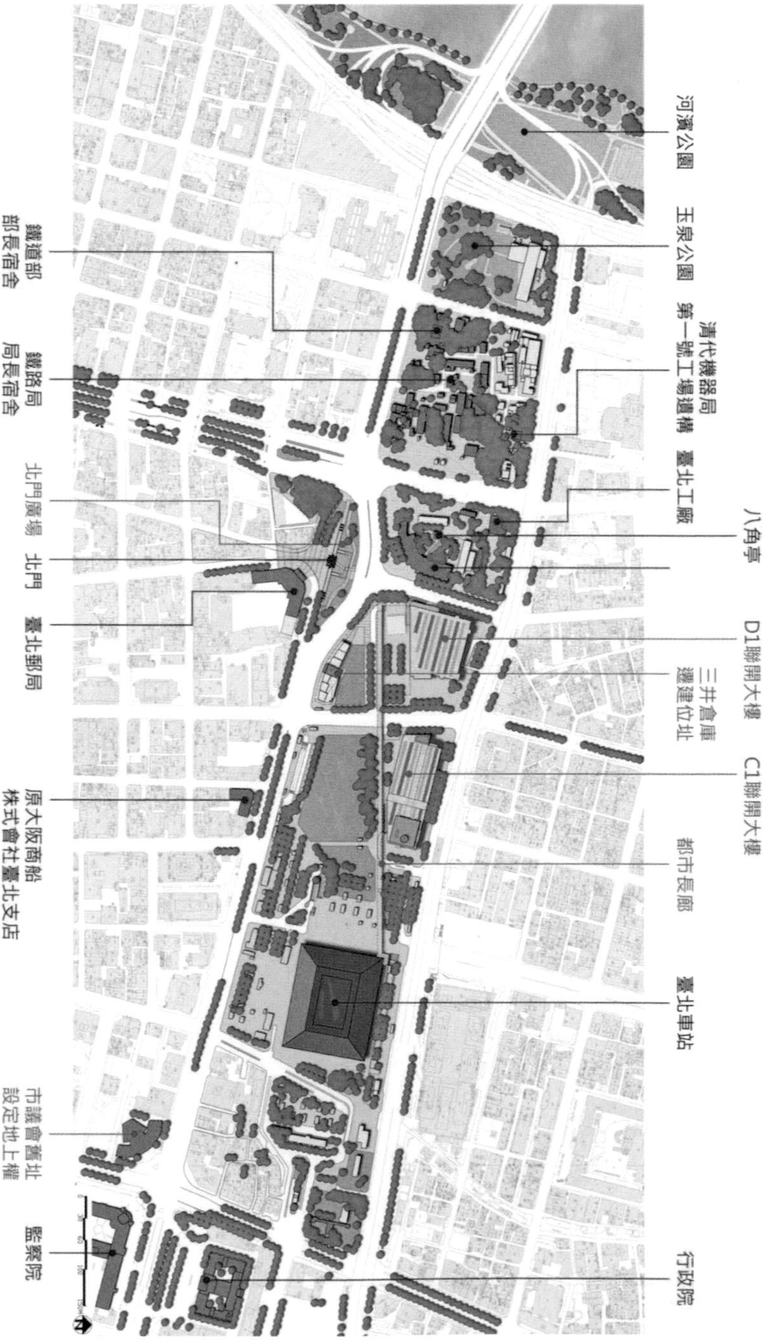

二〇一五年四月臺北市政府都發局提出的西區門戶計畫。

大眾運輸車輛經常被堵在車陣中寸步難行，舊金山市政府為加速車流而採行的街道管理措施，反而又造成人車衝突，街道對於公共生活也不再友善。而且，車子越來越多，也讓市府規定新建築必須留設停車空間，這又讓新建築的立面變得缺乏活力與特色，進一步降低了街道的品質。

直到一九八九年舊金山大地震，中央公路損壞，在市民的請願下，市府決定將市場街以北的中央公路高架段完全拆除，也讓本社區經歷劇烈的都市更新，原公路改為優雅的地面層林蔭大道，於二〇〇五年完工，也釋出一些土地供填空開發（infill development）之用，修補原公路造成的隔離。

利用公共運輸之便　打造優質都市場所

在舊金山市政府眼中，本社區具備極便利的公共運輸，人們不依賴自家車輛也可生活，因此不需規劃太多的道路空間及停車空間，也就更有機會出現大量平價的新住宅，為地區增添活力。

有鑑於此，市府醞釀多年的社區改善政策，遂擇定本社區作為三個先行試點之一，於二〇〇七年批准了「市場奧塔維亞區域計畫」（Market & Octavia Area Plan），其最終目的正是透過提供住宅、交通選項及具備各種生活機能的完整社區，打造出優質的都市場所。

該計畫提出了七大政策主題：

1……土地使用及都市型態

為不同種類的土地使用方式（特別是住宅）提供足夠及適切的空間，且要將較高強度的土地使用集中在運輸服務較充足、較不需依賴私人車輛，也易以步行進入的地方。

2 住宅

配合該地既有的建築尺度與密度，鼓勵將住宅作為填空開發，或是擴建既有建築（如商店樓上設置住宅）；至於狀況良好的現存住宅則視為珍貴資源，應善加保留。此外，取消住宅區的停車設施留設規定，以便建造更平價、更符合本社區特性的新住宅。

3 帶有地點感的建築

建築的高度、退縮與間距，定義了城市中的街道、人行道、廣場及開放空間等公共領域，創造了某種「都市客廳」，使社區的公共生活繁榮發展。因此，要鼓勵可增進環境美感及街道公共性的新建築，也要致力保存地標與歷史建築。

4 街道與開放空間

街道就是公共領域。能為步行、自行車及公共運輸等多樣交通方式提供充足空間的街道，比起主要為車輛而設計的街道，對都市公共生活助益更大。而且，本社區由於缺乏夠大的未開發土地來設立新的公園與廣場，因此應利用街道來創造新的開放空間，例如：在拓寬的人行道加上長椅及路樹，使其變成有效的小型公共空間。如此重新形構的若干街道，鼓勵了步行並減緩了交通，因而能提高公共街道功能，成為人們的聚集地，增強社區的認同感。而對於市場街，更應強化其街景，頌揚其作為舊金山象徵主街的突出性。

5 運輸選項的平衡

改善本社區中步行、自行車及公共運輸的可

舊金山拆除市中心一段高架公路之餘，也同時造就了受人喜愛的新生區域。

靠性、服務頻率及使用者尊嚴，並將這些移動模式作為本社區長期發展願景的優先選項，例如：想提升公共運輸的速度與可靠性，最簡單的方式就是將其抽出一般路面交通之外而給予專用道。此外，應盡可能不要再設置新的停車設施，既有的路面停車空間亦應計時收費來提升使用效率。

6 關鍵基地的填空開發

中央公路在拆除、改為路面層大道後，可在大道末尾留設公共開放空間以作為焦點。其他的重要開發基地，亦應引入新住宅及地面層商業活動來強化該地的活力。

7 創造 SoMa West 新社區

原本處於高架橋下方，以潮溼陰暗的街道及高架橋上下匝道為特色的 SoMa West 地區，應提供住宅、公共設施，以及活躍的街道和開放空間系統，將其改造為活力充沛的住商混合新社區。

應確保西區門戶計畫能讓周邊地區活化再生

「市場奧塔維亞區域計畫」的中心思維，至少有兩項值得我們多加留意：

1……大眾運輸導向之都市發展（transit -oriented development, TOD）

提倡使用大眾運輸，透過開發密度的安排，將最多人口集中在大眾運輸路線附近。為協助此政策奏效，同時設法提升大眾運輸的運作效率，並使市區停車變得更困難、更昂貴。

2……鼓勵公共生活的形成

改造既有的街道，使步行起來更舒適，增加人們在街上聚集休憩的意願。

我們從臺北的「西區門戶計畫」看到了尊重百年古蹟的美意，也看到了打造國家門戶的野心，然而，附近的地區，例如：分處捷運北門站南北兩側、已具備良好公共設施的社區，乃至於後車站商圈與城內地區北端，又將如何發展？

我們還需要看到更多、更明確的想法，讓西區門戶計畫未來所產生的利益，進一步擴散開來。

2

強化步行環境

■ 限制車輛行為 ■

■ 擴展步行空間 ■

車

限制車輛行為

策略 1

促使車輛禮讓行人

透過立法及執法，法國逐步催生車輛禮讓行人的用路文化。

為什麼臺灣車不讓人？——看法國如何建立禮讓行人文化

臺灣車輛不讓行人有其根源，仍待制度來扭轉。真正有效讓法國車輛禮讓行人的關鍵，在於處理交通事故的原則，只要車輛撞到行人，無論行人穿越馬路是否合乎規定，肇事責任都絕對歸屬於車輛，駕駛人除了必須賠償還可能遭起訴。

為什麼臺灣的汽、機車都不會禮讓行人先過馬路？這個現象也許具有社會文化根源，分析如下：

臺灣的車不讓人，行人過馬路常險象環生。

一、把人看做群體的一部分而非獨立的個體，導致不尊重他人身體空間。

二、充斥上下尊卑的秩序觀念，「強者禮讓弱者」的文明觀念薄弱。

三、習於避免衝突，不懂得表達憤怒，造成了不正常的現象被姑息。

四、在私領域之外，缺乏公共文化，出門在外時傾向避免接觸陌生人，也就不會把注意力放在別人身上，只顧注意自己行進的方向，而不太會觀察周遭的狀況。

五、經濟發展不重創新，偏好壓低成本，導致勞動大眾普遍在時間及金錢上匱乏，日漸積怨，進而助長了急躁、占便宜、不願吃虧的習性。

駕駛人的禮讓文化不會憑空出現，須以稱為「3E」的三個解法同時並行——工程（engineering）、執法（enforcement）、教育（education）——才能落實公路正義、終結公路霸凌。

多管齊下才是正確的，臺灣官方目前卻獨重教育宣導，其成效令人懷疑。

在法國，尤其是首都巴黎，行人路權往昔也很低落，車輛或自行車並沒有在斑馬線前停下來禮讓行人先通過的習慣。但是法國逐步透過法規的制訂及執法環境的建置，催生車輛禮讓行人的用路文化。

行人絕對至上的事故責任歸屬

在法國，負責道路巡邏的國家公路警察（Gendarmerie nationale）是屬於軍方的一支部隊。他們使用汽車、摩托車，甚至還配備直升機，以便必要時能從空中拍照舉發違規行為。臨檢（contrôle）是國家公路警察的職權，可隨時要求車輛駕駛人停下，檢驗其身分證件（護照或居留證）、行車證件（駕照或汽車登記證；若車輛為非自有，則須出示車主授權書或租賃證明）及保險證明。相對地，法律也保障被臨檢的駕駛人有權詢問公路警察的姓名及職銜。

法國的《公路法》（*Code de la Route*）有對車輛禮讓行人的規定：駕駛人「必須」禮讓正在穿越馬路、表現出明顯穿越馬路意圖、或於行人優先區活動的行人，必要時需停車禮讓之；針對駕駛人不尊重行人優先權之行為，得處以第四級罰款（最高可達七百五十歐元，約新臺幣二萬六千元），並凍結其駕照三年以上，且扣駕照點數四點。

在法國，只要車輛撞到行人，無論行人穿越馬路是否合乎規定，肇事責任絕對歸屬於車輛一方。

自二〇一一年起，法國政府又明訂車輛不禮讓行人的罰款均為一百三十五歐元（約新臺幣四千七百元）。但，真正有效讓法國車輛禮讓行人的關鍵，還是在於處理交通事故的原則。

在法國，只要車輛撞到行人，無論行人穿越馬路是否合乎規定，肇事責任絕對歸屬於車輛一方，駕駛人必須負起賠償責任（實際上由保險公司代為給付），本身還可能會因未妥善控制車輛而遭起訴。

交通罰款鼓勵早繳　懲罰拖欠

法國交通罰款制度的設計，係鼓勵儘快繳納，並懲罰拖欠者。舉例而言，不涉及他人的犯行，例如：超速、未在停止標誌前停下，經交通警察即時舉發，可當場開罰一百三十五歐元，此罰款須在三十天內繳清，否則會自動加重。但相反地，若罰款能當場繳清、或二十四小時內繳清，則可減免三十%。

駕駛人若不服舉發，亦可只繳納一筆押金，並要求法庭審理其案件。此要求一出，相關文件即會送到警察法庭審理，當事人不需出庭。理論上，案子可能因此獲得撤銷，但實際上極少發生；在大多數的情況下，當事人仍會被判一百三十五歐元或更高額的罰款。當事人收到郵寄到家中的判決書，若不願接受，可在三十天內上訴。

若駕駛人發生違規行為，遭到照相，而於事後收到罰單，須在七天內繳清罰款，否則罰款就會自動提高。例如：原本為九十歐元的罰款，超過七天未繳則提高為一百三十五歐元，超過一個月未繳更提高為三百四十五歐元。

法國官方體認到車輛的殺傷力，因此對駕駛人設下重重限制，規定多如牛毛。

又以超速為例，法國對超速的罰款依地點而有不同，就以路面乾燥的鄉間道路而言，超過速限不滿四十公里者，罰一百三十五歐元；超過速限四十公里但不滿五十公里者，罰一千五百歐元；超過速限五十公里以上者，則必須出庭由法庭裁定罰款。以上各情形，若未在三十天內繳納罰款，罰款也會自動提高。

深知車輛殺傷力　對駕駛人規定多如牛毛

如前所述，除了罰款之外，對交通違規者，法國與臺灣都採取駕照扣點制度。以超速而言，扣一至四點不等。而若超過速限四十公里以上，則將吊銷駕照。

酒後駕車的法國駕駛，則可能面臨極重的罰則。酒測時，若駕駛人血液每一百毫升測出有五十至八十毫克的酒精，罰一百三十五至七百五十歐元，並扣三點；若測出酒精超過八十毫克，則最高可罰四千五百歐元，並吊銷駕照。

即使未釀成嚴重事故，酒駕者仍可能需入獄服刑兩年，或以四年的社區服務替代；而如果因酒駕而撞傷或撞死人，更可能面臨高達三萬歐元的罰款，並坐牢四年。

法國官方體認到車輛的殺傷力，因此對駕駛人設下重重限制，規定多如牛毛。除上述的行為之外，還有許多違法行為亦涉及罰款及扣點，包括跨駛雙白線、穿越雙白線、臨檢時交不出證件、變換車道未打方向燈、行駛路肩、讓十歲以上兒童坐前座、未讓十三歲以下兒童繫安全帶、在公車專用道停泊或行駛、開車使用手機、在中央禁停區暫停或行駛、駕駛人未繫安全帶、未在需要時把遠燈換成近燈、被超車時仍持續加速、未移至右方車道以便後方車輛超車、遇停止標誌或紅燈不停、逆向行駛、發生危險的超車或停泊或暫停行為、未和前車保持兩秒間距、裝設雷達偵測器、撞死人、撞傷人、拒絕酒測，以及蓄意威脅等。

罰款積欠遞增　設計誘因讓民眾勇於檢舉

法國建立起「車讓人」的文化，其關鍵在於提高「車輛不讓行人」這件事的直接與間接成本。其罰款積欠遞增制度、交通糾紛責任歸屬，均可供臺灣參照與改進。

而在臺灣，如何減少「車不讓人」的現象，我們應該也能從其他角度來思考。

例如：警力有限，無法在每條大街小巷二十四小時往來執法，照相監視也無法涵蓋城市或鄉村的每一個角落，而在汽車搶越行人穿越道、機車行駛人行道等瞬間，行人安全遭受嚴重威脅，但又往往來不及拍照存證。

根據《違反道路交通管理事件統一裁罰基準及處理細則》，發現違規行為時，民眾得以言詞或其他方式向警察機關檢舉，但必須敘明自己的聯絡資料、違規時間地點事實、以及違規車輛牌照號碼，若有違規證據「並請檢具」；但若民眾匿名檢舉，或檢舉資料不夠具體明確，則警察機關得以「無法查證」為由不予舉發。

針對這個問題，可以考慮設計誘因來鼓勵民眾檢舉，例如：允許匿名檢舉以降低被報復的疑慮，並取消有關於提供證據的條文，甚至頒發檢舉獎金。這樣一來，將有更多行人願意參與檢舉，汽、機車駕駛人便不得不更守規矩。

會不會有人亂檢舉而引發爭議呢？當然可能。那麼，讓聲稱被誣告的駕駛人自己設法證明沒有違規吧！向法國學習行人至高無上的精神！我們也許真的需要幾個行人霸王條款，來提升臺灣過於低落的行人路權。

車 限制車輛行為

策略 2

住宅區街道的交通寧靜化

巷子內的馬路如何安心走？——看荷蘭臺夫特打造交通寧靜區

人口十萬人的荷蘭小型城市臺夫特是交通寧靜區政策的發源地。

近年來臺灣各地開始嘗試設立的交通寧靜區，發源於荷蘭小城臺夫特，當時卻並非由政府一手主導，而是由公民自發占領街道開始，將街道變為生活的院子，促使政府讓步並接手推動。最後，臺夫特成功將這一觀念傳播至荷蘭全國，甚至出口海外。

對臺灣的都市人而言，家附近的最後一哩路，往往也最令人提心吊膽。只要不靠汽、機車通勤，在住家與大眾運輸站點之間勢必倚賴步行。以臺

交通寧靜區在臺北推動可說阻力重重，在新竹市卻較為順利，施行地點不斷增加。

北市為例，街道寬度在十五公尺以下，法規便不要求設人行道，而八公尺寬的巷弄又極多；不設人行道，卻又可以停放車輛，讓巷弄空間更形狹窄，行人為了閃避車輛，經常無法安心行走。

所幸，從臺北市、新北市、新竹市到高雄市，無論政府或民間，皆有設置「交通寧靜區」的討論與嘗試。二〇一二年《聯合報》「願景工程」的「公路正義」系列專題文章，更詳細介紹了這種源自於荷蘭的交通設計。

迄今，交通寧靜區在大臺北地區推動可說阻力重重，在新竹市卻較為順利，施行地點不斷增加。

巧的是，一九六〇年代，交通寧靜區觀念在荷蘭萌芽時，發跡地也不是首都阿姆斯特丹，而是人口十萬人的小型城市臺夫特（Delft），其建城稍早於阿姆斯特丹，亦因為是該國規模最大、最具綜合性的理工大學「臺夫特科技大學」（Technische Universiteit Delft）的所在地，被稱作荷蘭的「知識之城」，這與曾為清代北臺灣政經中心，如今坐擁清大、交大的新竹市很類似。

兩者不同之處，乃在於新竹市的交通寧靜區係為政府一手主導，當年的臺夫特，則由公民自發占領街道開始，促使政府讓步並接手推動，最後成功將觀念擴至荷蘭全國，甚至出口海外。

公民自發占領空間　迫使政府積極回應

汽車大量普及前，孩童在家門前玩耍是再自然不過的事了。二十世紀上半，已開發國家迅速「汽車化」，越來越多汽車占用了街道，行人無法以肉身與之對抗，只好被驅趕到路邊，而政府此時做的，僅是規劃出狹窄的人行道供其通行。在往昔的荷蘭，許多住宅前方都設有「門階」（stoepen），通常是大人們進行家庭手工的場所，可以同時看顧自家孩子活動而不必擔心。但隨著路上的汽車大增，為鋪設人行道，許多的門階遭到拆除，兒童們也無處可玩了。

一九六〇年代，因為反戰運動，歐美社會瀰漫著愛與和平的呼聲，感染了臺夫特市中心一條巷道的居民。他們將附近一塊空地當成了遊樂場，彩繪了牆壁，種了各式各樣的樹，也建了些小屋讓孩童們能進行攀爬、捉迷藏等活動，過程中還得到了臺夫特市政府及油漆商的幫助。

與此同時，在臺夫特的另一處，一群居民做得更過火，他們竟然將一條街占住了，將之用於植栽、遊戲及休憩。這對交通影響甚大，並給市府造成

為了迫使汽車減速，臺夫特市政府著手將一條條社區街道變成共享空間。

了壓力，當局很快理解到民眾活動空間確實不足，因此決定將該地所有的公共空間好好整理更新，以供居民使用。市府亦領悟到，為將城市變得更適合人居，有必要重新定義與設計城市中的街道，除交通作用外，更要發揮生活起居的功能。

「交通寧靜區」（woonerf）的概念因此萌生。這個荷蘭字彙的原意是「住宅的院子」（residential yard），但對於街道，這又是什麼意思呢？市府將之定義為「讓孩子們也可以使用的街道；車輛可經過，但需受限制」的區域。其特色為：1.行人與車輛無隔絕地共用街道，亦即賦予行人使用全路幅的權利。2.車輛速度降至最低，約每小時十五公里。

為了迫使汽車減速，市府著手將一條條社區街道變成共享空間。往昔車輛能順暢通行的街道，現在多了桌子、長凳、沙包、停車位，甚至還種了新的樹，彷彿成了車輛的障礙賽場；如此一來，居民住家向外延伸，讓他們在自家門前擁有「半私有」的區域，門階的傳統得到了呼應。

交通寧靜區所費不貲　交通寧靜化成本更低

交通寧靜區的觀念得到了荷蘭中央政府的認可，一九七六年頒布交通寧靜區專屬的使用條例，此外還設立了「交通宜居」（traffic-liveability）委員會，要讓交通寧靜區在全國散播開來，只允許少數例外的交通幹道穿過住宅聚落。這個觀念，許多地方政府都接受，在都市計畫業界也蔚為風尚了好一陣子。

荷蘭中央當局與區域、地方政府更進一步達成協議，共同推動「永續安全」（Sustainable Safety）計畫，用意是要將全國的市區道路——除了少數重要交通幹道以外——全部一視同仁，改成三十公里限速區。原本就存在的交通寧靜區，當然也包括在內。

荷蘭的交通寧靜區讓各國群起仿效。德國同樣在一九七六年通過了交通寧靜區的法規，次年英國、瑞典與丹麥跟進，再次年則是法國與日本，以色列與瑞士也分別在一九八一年與一九八二年加入了行列。截至一九九〇年，荷蘭與德國兩地合計已有三千五百多條街道成為交通寧靜區；在亞洲，日本有三百條，以色列則有六百條。

但交通寧靜區真是萬靈丹嗎？其實，這種道路設計因為需要添補大量的設施，其所需費用的均價比普通街道重修工程貴了五十%左右。此外，交通寧靜區迫使車輛減速至每小時十五公里，這樣

荷蘭的交通寧靜區，讓各國群起仿效。

的「步行速度」就實務面而言，還是只有在住宅社區巷道的短程移動才能持續，畢竟這些地方的交通量較低，因而更能適用。

諸此種種，促使荷蘭政府思索如何以較低成本，將交通寧靜區的設計原則推廣至更多的街道上，他們比較了三個選項：

1……**交通寧靜區**

即上文所介紹的規劃設計。

2……**車流轉移**

包括封閉道路、設置單行道等。

3……**交通寧靜化**

包括設置減速丘及其他實體設施。

最後，荷蘭政府將交通寧靜化評為最節省成本的選項，並於一九八三年正式施行。

配套措施多管齊下　削減動力車輛霸權

推行交通寧靜區的同時，臺夫特也做了許多配套措施，以逐漸削弱動力車輛的霸權地位。這些配套措施以下列三點較為顯著：

1　老城區的徒步化

臺夫特的歷史核心老城區寬約一公里、長約一．五公里（規模與一八八〇年代所建的臺北府城非常相近），因為街道較窄、街角也侷促，在其中快速駛過的車輛對行人易造成安全威脅。為強迫汽車在老城區放慢速度，市府乾脆設計出一系列的彎路系統，讓車輛無法穿越老城區，必須原路出入；只有公車能夠例外。後來，老城區最中心的部分，甚至整個被規劃成了行人徒步區，在每個出入口設有升降柱，有效限制車輛的進出。

2　自行車騎乘環境的改善

繼交通寧靜區之後，一九八〇年代，市府將交通施政重點轉移到了自行車騎乘環境的改善上。臺夫特是荷蘭第一個打造自行車路網的城市，這涉及了一系列的變革，例如：

・在單行道上開放自行車的雙向通行。
・在主要幹道上設置自行車專用道。
・改善自行車過馬路的動線。
・調整交通號誌燈，使自行車也有專用號誌可遵循。
・設置馬路上的特別通道，讓自行車在等紅燈時可繞到車陣前面等候。
・新增自行車與行人專用的捷徑，包括市區

臺夫特以許多措施逐漸削減動力車輛的霸權地位。

新竹市近年來不斷增設交通寧靜區。

新竹市在學校附近鋪設高性能減速塗層，警示行經車輛減速，亦有防止打滑、降低噪音之效。

高架道路下的通道、主要運河上的新橋等。

3……停車管理制度的建立

一九九〇年代，市府建立了新的停車管理系統，從市中心開始往外漸進擴散。一地的居民及某些工作者，可以持有該地的停車證；但若是其他人的車輛，則每次停車都得付費。這樣的制度，是以有效執法作為前提，才得以確實運作。在一些高密度開發的區域，容易出現大量車潮，而停車管理制度對控管車潮來說更是不可或缺。

民間能先行政府就跟進　否則更需主動溝通

當年的臺夫特，不單只是推動交通寧靜區而已，它的「人本交通」策略更是全盤性的，我們可以將之歸納為：讓走路跟騎自行車變得更方便，讓開車與停車變得較不容易。

從臺夫特的經驗，我們更可以看到，在先進國家往往是由成熟的公民社會自己先行發動必須的變革，再由政府跟進補強。

如果民間本身尚未具備進步的觀念呢？那麼，至少要由政府主動開啟與民間的溝通大門，化解阻力，凝聚共識。新竹推動交通寧靜區的成功祕訣就在此，而這恰好也是其他城市尚未做足之處。

機車停放在人行道上，常讓行人無法順暢通行。

車

限制車輛行為

策略3

防止車輛侵入步行空間

怎樣阻止機車入侵人行道？——增設停車彎並善用物聯網

臺灣城市的人行道常有機車行駛，也常停滿機車，讓行人無法安心且順暢通行。從需求與供給看機車停車問題，開徵機車停車費外，還應增設與路面同高的機車停車彎。此外，可運用物聯網科技，偵測騎行人行道的機車車牌號碼，以供警方開罰，加強嚇阻效果。

臺灣的城市裡，行人專用空間受侵害的問題十分嚴重，無人可以安然行走。常有機車騎上人行道或騎樓，與行人擦身而過，或是到處停放，讓行人通行困難。

在臺中，行人「寸步難行」。作家劉克襄〈我的城市不友善〉一文，以及《聯合報》記者的追蹤報導，都指出了臺中的人行道和騎樓地面高低不平，機車與障礙物又多，行人只好冒險走在馬路邊，尤以火車站、醫院與百貨公司附近最嚴重。

在高雄，老人不敢上街。高雄市政府雖然推動友善行人路權專案，整頓騎樓並取締障礙物，亦讓機車退出人行道，但根據民間團體「還我行人路權聯盟」帶領高齡長者實際體驗，人行道仍常有機車飛馳，而騎樓同樣多高低不平，常有停車與雜物阻礙暢通。

怎樣才能讓人行道與騎樓真的易於行人行走？從政府到民間，臺灣現在的做法看起來大致可分成三種：

1……**執法**

例如：實施騎樓整平與淨空、機車退出人行道，或針對違停車輛加強取締與拖吊等。

2……**教育**

例如：加強宣導、列入駕訓與駕照考試內容、納入學校教育等。

3……**道德呼籲**

例如：呼籲尊重行人路權、發放「機車不騎人行道」宣示貼紙等。

試問，這些措施能有多大成效？臺灣是否可以拿出更好的做法，徹底捍衛行人的專用空間？

著手處理後端因素　前端現象自然改善

在臺灣，即使人行道上禁止停車，但法規中卻允許機車停放於騎樓下，由騎樓所有權人負責管理，這樣的規劃不免讓機車騎士為了在騎樓停車，直接將機車騎上人行道，對行人造成安全危害。

而在臺中，針對機車停滿人行道的問題，臺中市政府交通局已與中山醫學大學成立改善小組，另覓新地供機車停放；臺中市政府警察局也認知，火車站附近機車和自行車停車空間不足問題需要解決，才能治本。

像這樣，從問題的「後端」因素著手處理，好讓問題的「前端」現象自然改善，這才是正確的思考方法。

當然，問題的最根本因素，乃是「都市裡的機車過多」，但這還牽涉到許多其他議題，例如：就業機會之地理分布過於集中、大眾運輸供給不足、機車的騎乘與停車成本過低、薪資水準低落且成長停滯等，涵蓋了都市計畫、交通規劃、經濟政策等領域。

從需求與供給看機車停車問題

雖然機車停車位的「需求」目前居高不下，但臺北市即將開徵機車路邊停車費用，可望產生影響。

至於機車停車位的「供給」，目前看來既不夠用又缺乏良善規劃，才會導致騎樓與人行道的停車亂象。最根本的解決方法，就是在目前的機車停車高需求地點（換言之，就是那些騎樓跟人行道停有機車的地方）實施空間改造工程，利用人行道在樹穴與樹穴之

即使人行道上禁止停車，但法規卻允許機車停放於騎樓下。

間行人不使用的空間，將之改為與路面同高的「機車停車彎」，使足以容納該地的機車；再於原本常有違規停放機車之處，放置植栽盆等物體。如此一來，機車騎上人行道的動機將降低，但是可想而知，僅僅這樣仍然無法杜絕，有待其他措施來配合。

運用科技偵測車牌號碼　有效加強嚇阻

機車行駛人行道，在《道路交通管理處罰條例》第四十五條明文規定，處新臺幣六百元以上、一千八百元以下罰鍰（依照該條例用詞定義，與汽車有關之條文亦適用於機車），原有嚇阻目的，但因警力有限、執法不全，許多機車騎士存著僥倖心理，仍然把機車騎上人行道。或許我們可以從「加強嚇阻」的角度來思考。

從以下兩個國外案例中，臺灣能得到什麼靈感？

在美國加州，有「矽谷首都」之稱的聖荷西（San Jose），正運用物聯網（Internet of Things, IoT）科技打造智慧城市。當地政府於二〇一五年五月與民間廠商達成合作協議，在市中心一百四十八座路燈的頂端裝設感應器。這些感應器的體積，就跟一般的網路數據機差不了多少，但功能可大多了——除了可作為無線網路（WiFi）熱點、可替政府蒐集交通數據、可察知附近槍擊發生並通報警方、可偵測地面變動並發出地震預警之外，還可以感應街上的物體動作，並在附近人行道與馬路皆淨空的情況下關閉該盞路燈。

在以色列，特拉維夫（Tel Aviv）為抑制私家車輛的使用，在繁忙的道路上保留了一條專供公車、接駁車、計程車與汽車共乘者使用的專用道；至於私家車輛的駕駛人，若沒耐心塞在車陣中，倒也可以使用這條專用道——只是口袋要夠深——這條專用道的瀝青暗藏玄機，其內埋有感應器，可偵測私家車輛的車牌號碼，並自動從駕駛人的信用卡帳戶中扣款，扣款費率則依該道路當時的交通繁忙程度而有所不同，以價制量。

我們可以看到，感應街上的物體動作，以及偵測車牌號碼，這兩件事在技術上都已經是可行的了。

如果，感應器可以再做到下列三件事：1.分辨馬路與人行道的不同；2.「感熱」以分辨機車、自行車與身障人士電動代步車的不同；3.「感速」以區別機車騎行或牽行——那麼，機車要是從馬路進入人行道範圍內，牽行無妨，一旦開始騎行，其車牌號碼就會被偵測並傳送給警政單位，以便開罰。

在停車高需求地點，應讓機車退出人行道，停進與路面同高的機車停車彎。

臺北市政府資訊局於二〇一五年九月表示，推動智慧城市建設，將採取「探究基層民眾需求作為規劃基礎的由下而上（bottom-up）的決策模式」。有安全順暢的人行道可走，沒有機車上來搶道、阻道，這豈不就是無法時時刻刻以汽車代步的基層民眾每天踏出家門後最基本的需求？

從低科技的停車彎增設，到高科技的物聯網運用，成本都不高，效益卻可以很大。

公館徒步區實行五個半月後，臺北市政府決定尊重在地意見，宣布不續辦。

步 擴展步行空間

策略 1

商業區街道改為行人徒步區

徒步區存廢，公投來決定？——從斯托勒徒步街經驗看公館徒步區

從二〇一四年八月開始試辦的公館慢行徒步區，在當地店家及住戶問卷調查反對下，結束了短短五個半月的壽命。而早在半個世紀前，丹麥首都哥本哈根就成功將一條市中心商業街改為行人徒步區，其過程亦非毫無反對聲浪，臺北能從中得到什麼啟示？

公館慢行徒步區是繼二〇〇〇年的西門徒步區後，臺北推動的第二個徒步區，從二〇一四年八月二日開始試辦，五個半月後，為了「讓民眾充

分參與各種市政議題及表達意見」，主管機關臺北市政府交通局於二〇一五年一月十五、十七日分別進行「一階」與「二階」公投，以決定是否續辦。

「一階」採 i-Voting 網路投票，十八歲以上的一般民眾皆可參與，結果有七十六%的網友贊成續辦，反對者為二十二%。

兩天後的「二階」改採公館當地店家及住戶問卷調查，結果，店家卻幾乎是一面倒反對續辦（八十一%）；至於住戶，雖較不反感，但大致仍傾向反對續辦（六十二%）。若將店家及住戶票數統合，可知有七十一%的公館在地人反對續辦，贊成者僅二十九%。

於是，市府決定尊重在地意見，宣布不續辦公館徒步區。

然而，半個世紀前的一九六二年，丹麥首都哥本哈根就開風氣之先、大膽將斯托勒（Strøget）這條車水馬龍的市中心商業街改為行人徒步區，當時的反對聲浪也是非同小可，哥本哈根究竟是如何克服困難做到的？

以節日封街為手段　打造全市第一個徒步區

今天的斯托勒，全長一・一公里，是歐洲最長的行人徒步購物街。

傳統上，這條寬十一公尺的兩線道馬路，原本就是哥本哈根市中心最重要的商業街。一九五〇年代的斯托勒，每年除聖誕節期間封街兩天、不准車輛進入外，跟哥本哈根市中心所有的其他道路一樣，一年到頭飽受塞車之苦。

隨著進出市中心的車輛越來越多，哥本哈根許多莊重典雅的老廣場，也一個個變成了露天停車場。

當時的哥本哈根，不但市容醜陋，且空氣汙染及噪音問題嚴重，哥本哈根市政府因而認為若能將市中心變得對行人更友善，不但可創造生動的公共生活，也可一併解決上述的都市問題。

於是，一九六二年十一月，市府利用某個節日作為藉口，在斯托勒開始實施封街，而在節日結束後，封街繼續延期，斯托勒就在這樣的手法下成為了哥本哈根第一個永久的行人徒步區。

逛街人潮淹過反對聲浪　締造三贏局面

在節日封街延期下，斯托勒成為哥本哈根首處永久行人徒步區。

當然，這樣進步的政策，不會沒有伴隨反對聲浪而來。異議最主要來自於市中心的商家，他們擔心的是車流消失了，生意也沒了。

一些評論家也從文化角度發聲反對此事，他們說：「我們是丹麥人，不是義大利人。」北歐氣候不似南歐溫暖，而是又冷又多雨，因此，丹麥人習慣的是室內文化、是窩在家裡、是在餐桌前吃飯喝咖啡，而不是享受路旁的露天咖啡座——丹麥人才不吃行人徒步區這一套。

這些反對的聲浪，很快就被大量湧上斯托勒街頭的哥本哈根市民腳步聲蓋過了。

根據建築師揚．蓋爾（Jan Gehl）和拉爾斯．吉姆松（Lars Gemzøe）的研究，比起以前的馬路，新設置的行人徒步區，鼓勵了人們在此進行「停留行為」（stationary activities），而非匆匆路過，當然，更多的消費行為也就隨之而來。一開始對新政策狐疑的商家，如今樂見斯托勒成為市民熱門的逛街地點，人潮顯著增加，生意也更好了。

商家保住了經濟繁榮，市府創造了政治成功，而市民大眾的社會福祉也得以促進，真可說是「三贏」的局面。

複製成功經驗　往後數十年採漸進式擴張

斯托勒實驗的成功，鼓勵了市府繼續把更大部分的市中心區域還給行人。一九六八年，市府將另一條街及幾處廣場也改為行人徒步區，接下來的幾十年間還有多次的類似舉措。

從一九六二年斯托勒的一萬五千八百平方公尺開

反對的聲浪很快就被大量湧上斯托勒街頭的哥本哈根市民腳步聲蓋過了。

哥本哈根漸進地將市中心徒步化，從而抑制了市民把車子開進城裡的意願。

始，市中心越來越多地方變成了行人專用或行人優先的地帶，到該世紀末，其總面積已在三十多年間擴大為原本的六倍多，達約十萬平方公尺。

在此同時，一批批市中心停車位也被取消劃設，在市中心停車因而變得越來越困難，從而抑制了市民把車子開進城裡的意願，導致更多的停車場得以廢止，轉為公共廣場之用。

奇妙的是，根據蓋爾和吉姆松的統計，若單看一九六八年到一九九五年這一期間，市中心行人友善地帶的總面積增加幅度為三．二倍，而市中心公共空間的夏季單日下午平均使用人次增加幅度為三．三倍，兩者似乎為正相關。

優質公共空間的誕生　並非來自民主程序

哥本哈根市中心徒步化的奏效，讓批評者的經濟理由或文化理由都不攻自破，正如蓋爾所言：「世界上每個地方各有不同的文化與氣候，但，人，則是全世界都一樣的，只要提供好的公共空間，他們便會喜歡在那裡聚集。」

在英國*Monocle*雜誌二〇一〇年所做全球最宜居城市排名中，哥本哈根僅次於慕尼黑，排名第二；二〇一一年的美國美世全球調查（Mercer Worldwide Survey），也將哥本哈根評為全球城市個人安全第九名、生活品質第十一名。這些傲人的成果，均非僥倖得來。

然而，這樣一場劇烈的「城市新文化運動」，卻並不是依照民主程序所產生；甚至，依哥本哈根市民的「反規劃性格」，行人徒步區的設置若放手讓其投票決定，很可能就會像臺北的公館一樣

西門町是臺北市第一處徒步區，具有指標性意義，今已成為國際觀光客必遊之景點。

慘遭否決，哥本哈根也就不會產生如今讓市民引以為傲的全歐最長徒步購物街了。

從哥本哈根經驗，我們可以看出市政當局的策略：先以節日封街為藉口，規避商家的反對聲浪，再以封街延長為由，讓行人徒步區偷渡成功。全市的行人徒步區路網漸進擴張，讓人們能有時間來調整生活方式，亦有效減少了民怨。

臺北市政府自詡「落實以民意作為公共政策決定主要依據」、「開放十八歲以上民眾參與公共事務」是「符合世界潮流」，一開始本著理想抱負打造公館慢行徒步區，對於其存廢，先採用兩階段公投，最後卻又棄網路民意不顧，片面選擇尊重在地民意，直接導致了實驗的終結。

結果，既無法在臺北城南創造與西門町、信義計畫區相互輝映的重要消費商圈，亦未能繼續保護道路的「軟性使用者」——行人及自行車，使其免於汽、機車的威逼與霸凌。這，應該說是違反世界潮流，才較符合現實！

反觀半世紀以前即具前瞻視野的哥本哈根市政府官員們，本於專業判斷，堅定貫徹政策，不刻意博民主美名，過程中雖不惜用詐，但市民「用腳投票」也順利杜絕了商家的反對意見，最終使城市改造得以達成。

要不要走路去搭捷運或公車？考慮的因素也包括沿途的步行舒適度。

步 擴展步行空間

策略 2

改善大眾運輸周邊的步行環境

讓大眾運輸周邊環境更好走！——借鏡波特蘭的步行網絡分析計畫

臺灣的城市因為人行空間的劣質，導致前往大眾運輸站點的路途喪失了徒步的吸引力。其實每位大眾運輸乘客都是步行者，大多數人忍氣吞聲，但不代表沒人不滿。

「要不要『走路』去搭捷運／公車？」這時，你會考慮的因素，至少包括了距離與時間。當然，也可能包括沿途的步行舒適度。

要討論大眾運輸站點周邊的「可步行距離」，就要先從「願意步行的時間」來推測。以捷運而言，人們願意步行前往搭乘的時間上限為十分鐘，換算成距離則約為五百公尺。

但在臺灣的都市裡，徒步前往捷運站或公車站，路上的風景往往是這樣：有些路段沒有人行道，行人被迫走在馬路邊，忍受汽、機車從旁呼嘯而過；有些路段雖有人行道與騎樓，但滿是占用的攤販與停放的機車，通行空間不是太狹窄就是被阻斷，行人到頭來還是被迫走到馬路邊；就算人行道與騎樓暢通，也常有機車與自行車前來共用，人車共道，步行者仍得戰戰兢兢。

在我們的城市步行起來，竟是如此不安全、不舒適！原本可以輕鬆走的短程路途，卻因人行空間的規劃不良，讓人「舉步維艱」，喪失了徒步的吸引力。

交通專業單位應負責改善步行環境

大多數人忍氣吞聲，但不代表沒人不滿。在臺北的北投，光明路為捷運站與小學間的通學必經之路，卻因違規停車與店家占路，導致步行環境不良，人車爭道、意外頻傳。

為了喚起人們的道路安全意識，北投居民結合社區大學的力量，在光明路封街半日舉辦街頭嘉年華，不但讓幼兒拿粉筆彩繪路面，安排學童和退休人士街頭表演，還宣示性貼出了未來希望鋪設人行道的範圍。

居民們為道路安全振臂高呼，民意代表更紛紛到場表示支持，媒體進行了報導，政府官員也正面回應。

北投居民舉辦封街嘉年華喚起人們的道安意識。

臺北市政府表示，未來將由各區公所檢視並統計劃設人行道及禁止停車區域的合適空間，市政府交通局再到場勘查，並建置鄰里友善交通區域。

為何要讓區公所起頭，交通局收尾？哪個才是具有交通專業的單位？交通局應該要扛起責任，認真擬出一套更細膩的方法才對！

擁有「全美最宜居城市」美譽的波特蘭，其交通部門 TriMet 就設計了一套客觀而以數據為本的「步行網絡分析計畫」（Pedestrian Network Analysis Project），用來改善大眾運輸站點周邊的步行環境。

為什麼要改善大眾運輸周邊的步行環境

向來被視為美國運輸界創新者的 TriMet，深知每位大眾運輸乘客都是「步行者」，確保他們在到達及離開大眾運輸的路上能走得安全且舒適，是交通單位分內之事。TriMet強調，步行與大眾運輸搭配，能帶來三大益處：

1……使人們保持健康

美國疾病管制中心（Centers for Disease Control and Prevention, CDC）建議成人每週應進行一百五十分鐘的中強度運動，例如：步行。步行能讓人保持活力與健康。

2……讓家庭節省開銷

在典型的美國家庭中，交通支出常高居其所有支出的第二位。美國汽車協會（American Automobile Association, AAA）指出，二〇一〇年在美國持有一部汽車的全年平均開銷為九千五百二十美元，而相對地，TriMet發行的成人全區年票只要九百六十八美元，約為開車的十分之一。

3……不開車也能獨立

對於那些不願開車、不會開車或負擔不起一輛車的人們（如青少年或老年人），大眾運輸讓他們也能獨立出行。

因此波特蘭積極改善步行基礎建設，以使人們前往大眾運輸的路上更安全、更舒適，然而究竟該如何選定需改善的步行環境呢？「步行網絡分析計畫」的使命，就是將這些地方找出來。

該計畫要達成的目的共有五個：1.透過良好的設計與經營手法，提升步行環境的安全及舒適程度。2.吸引更多人步行及使用大眾運輸。3.讓步行基礎建設投資與其他既有的政府及民間投資相互加乘。4.因應老人、身障者、窮人及學童的需求。

每位大眾運輸乘客都是步行者。
Bus
NW 5th &
Hoyt
33
2830

5. 讓現有的運輸乘客享有更安全、直接、舒適的步行經驗。

怎樣的步行環境才能幫助大眾運輸發揮功能

需要營造出什麼樣的步行環境，才能讓大眾運輸發揮最好的功用呢？TriMet 主張，優質的步行環境應該是這樣：

人行道要寬闊，且有路樹或路邊停車位，以作為行人與馬路之間的緩衝。周邊的街道車流量要低，車速也要低。照明良好。有街道家具。有樹蔭。斑馬線要配有號誌燈，且分布也要密集。交叉路口的地面標線要明確。

一個地區的道路若都是人行道狹窄（甚至無人行道）、車流量高且車速高、照明不良、交叉路口無地面標線，行人等號誌過馬路的時間又過於漫長，則對於大眾運輸的發展相當不利。

此外，一個地區的停車位若免費且數量充足，也不利於大眾運輸的發展。

如何分析現有步行環境的缺失

但 TriMet 的服務涵蓋面積畢竟有五百七十平方英里（約合一千四百七十六平方公里，略小於新竹縣市合併）那麼大，管理近七千個運輸站點，其中當然有許多站點需要改善步行環境，但又不可能一次就把所有問題站點都改善完畢，所以就需要排出優先順序。

TriMet 先運用地理資訊系統（GIS），分析每個運輸站點及周邊地區的整合程度及運作協同度，其分析方法可分為「基礎分析」（檢視一個地區能支撐大眾

以行人為導向設計的街道，步行的人也會變多。

人行道要寬闊，且有行人與馬路之間的緩衝。

運輸的基礎條件）、「進階分析」（檢視一個站點附近的步行環境缺陷及潛在改善機會）及「綜合評分」三個步驟。其中，前兩個步驟所分析的每一個項目，都有〇至二分的評分，加總起來就成為一個站點的綜合評分。（詳見下表）

分析結果顯示，七千個運輸站點中，共六百二十一個站點涉及大量的行人活動，這些站點形成了六十個群聚。然後，再將這些站點群聚的分布情形，與經濟、種族弱勢者的分布情形對照起來分析，就得出以下結論：

低收入者及少數族裔人口較多的地區，應更倚賴大眾運輸作為交通方式，從而需要高品質的步行環境，以前往搭乘大眾運輸。

站點的綜合評分			
基礎分析		進階分析	
環境	運輸站點	缺陷	改善機會
·住商密度 ·住商比 ·交叉路口分布密度	·上下客量 ·高中 ·生活雜貨購物場所 ·幼稚園及中小學 ·主要步行目的地（大學、體育館、大型購物中心、大型企業等） ·交通模式切換點 ·公園 ·運輸路線轉乘點 ·社福機構 ·老人住宅服務	·無人行道 ·高車流量 ·高速限 ·曾發生行人車禍	·對小型復康巴士有高需求 ·對輪椅上下活動式斜板有高需求 ·最近曾進行站點硬體改善 ·都市更新地區

依此，TriMet挑出了十個焦點區，作為先行試點。這些焦點區的挑選原則為：

- 要能涵蓋波特蘭市中心及波特蘭都會區的各個地區中心。
- 基礎分析所列舉的每一種步行活動目的地，都要包括在內。
- 至少要涵蓋到一條州層級道路。
- 要包含都會區內每一種形式的固定路線大眾運輸。
- 須加強考慮低收入者及少數族裔所占人口比例高於平均的地區。
- 應配合進行中或已完成的地區建設計畫。

選出十個焦點區後，TriMet才派員實地勘查，記錄現況，評估大眾運輸站點附近的行人需求，以利後續的改善工程。

為了評估焦點區的改善績效，TriMet還訂立了以下的指標：

績效目標	績效判準	何時？	誰來做？	怎麼做？
讓30%居民感到焦點區變得安全與舒適	感到焦點區變得安全與舒適的居民數	比較改造前與完成所有改造滿一年後的差別	交通局與地方	人工街頭訪調
讓焦點區內步行流量提升20%	在每一個路口及關鍵人行道處穿越馬路的人數		交通局與地方	觀察、人工計數、街頭自動計數器
讓焦點區內運輸載客量提升10%	每一個站點的上下客數		交通局	車上自動計數器

總結波特蘭TriMet的「步行網絡分析計畫」，是先訂出清楚的分析架構，運用數據進行全市分析，再依挑選原則選出若干個先行試點，最後才由TriMet派員勘查，進行改善工程，並設定績效評估指標（KPI）。

反觀臺北市交通局對於北投封街嘉年華的回應，雖屬正面，聽起來卻像是將責任推諉給區公所。既然是交通專業單位，就應該勇於承擔，以科學的方法，設計一套聰明而有效率的機制，來改善各大眾運輸站點周邊的步行環境。二十一世紀了，這種城市建設基本功，難道都還需要臺灣人民自己走上街頭爭取？

倫敦鼓勵市民多加利用城市綠色基盤，以提升責任感。

步

擴展步行空間

策略 3

以水綠基盤打造步行路徑網

把公園綠地串在一起！——看倫敦如何強化城市綠色基盤

颱風過後的清樹SOP，是否透露出臺北對鄰里公園的漠視？鄰里公園如果能藉由某種廊道串連起來形成都市綠網，不但可以改善步行環境，還能保護綠色資源。英國倫敦就提出了全市性的大綠網構想。

二〇一五年八月八日在臺灣肆虐的蘇迪勒颱風，造成了全臺各地的嚴重災情。以臺北市而言，路樹被吹倒的數量之多，前所未見，全市因風災受損之路樹，含全倒、半倒及斷枝者，超過一萬六千株。

許多樹木橫倒市區道路，嚴重影響交通。公家單位全力清樹，其效率是高或低，也引燃了新一波的政治論戰。此外，風災過後，關於都市路樹應選植哪些樹種較佳，以及當初植樹工程技術是否該檢討等，也成為了公眾的焦點議題。

因強颱而倒下的樹木要清運完畢，確實曠日費時，對交通的阻礙要完全消除，也需要比歷次風災更久的時間。臺北市政府因而採行了一套「清樹SOP」，即於主要幹道優先排除倒樹，其次才是次要幹道、巷道；不直接影響道路交通的大型公園、中型公園、鄰里公園等，則又再次之。

優先清運馬路上的倒樹，恢復車輛順暢的通行，可以理解。然而，將鄰里公園擺在最後，選擇先清理大型與中型公園的樹，這樣的邏輯則令人質疑。要知道鄰里公園深入各社區，是一般市民最易親近的休閒空間。況且在較大的公園裡，樹倒了，人還有空間繞道而行，而鄰里公園面積小，倒樹若不清走，對人行的阻礙更大。

此外，我們也不要忘了，臺灣都市住宅區的巷弄常缺乏人行道，行人被迫走在馬路上，隨時得提防行經車輛，鄰里公園可以作為替代性的人行空間，是讓人在步行路途中可暫獲片刻安心的一座小島。

鄰里公園彼此串連　可形成都市綠網

都市裡一座座的鄰里公園，以及其他的綠色開放空間，如果能彼此串連，形成「都市綠網」，不但可以讓人步行起來較安全、愉悅，同時也能確

臺灣都市住宅區的巷弄常缺乏人行道，行人被迫走在馬路上，隨時得提防行經車輛。

倫敦加強綠色基盤與公共空間的連結，以方便大眾親近，更提出綠網的構想。

保在都市中稀少的自然綠意，不會被都市發展所犧牲。

臺北市政府都市發展局在二〇一一年完成了對於「臺北都會區綠色基盤綱要計畫」的委外研究案，其中亦提到類似的觀念。

什麼是「綠色基盤」（green infrastructure）？上述研究案將之定義為：「多功能的綠色空間網絡，有助於提升自然和建築環境的品質。」其組成包含了自然的綠色空間（森林、自然資源區、保護區等）和人為管理的綠地（市區公園、綠地、水岸和歷史景觀等），以及連接空間（行人道、自行車道、綠色走廊、水道等）所構成的聯繫網絡。

在國際上，綠色基盤同樣也是近年廣受討論的熱門議題。英國首都倫敦在二〇一一年推出的「倫敦計畫」（London Plan）中，亦強調「運用綠鍊（green chains）、路樹及其他都市綠化手法，加強綠色基盤與一般公共空間的連結，以方便大眾更容易親近綠色基盤」。

隔年，倫敦進一步提出了更全面的「大倫敦綠網」（All London Green Grid）構想。

綠網能有效因應人口及氣候挑戰

倫敦是舉世公認的綠色之城，擁有眾多獨特地景及開放空間。這些開放綠地結合了文化價值與歷史記憶，包括了昔日的皇室獵場、都市發展過程中保存下來的鄉野殘跡，以及若干社區型綠色廣場。它們是重要的城市資產，可彰顯場所特色、加強居民認同、促進健康福祉、提升災後環境恢復力，並使城市更繁榮且更具魅力。這些城市資產，透過強化、擴大、連結及設計，能支持永續發展，因應氣候變遷的挑戰，提升倫敦人的生活品質。

「倫敦計畫」推出時曾預測二十年後，倫敦會新增一百二十萬居住人口及七十七・六萬個工作機會，若未及早妥善規劃，將會帶來許多不良的後果。因此，倫敦需要有相對應的新環境政策。

二〇一二年，倫敦市政府推出了「大倫敦綠網規劃準則」（All London Green Grid Supplementary Planning Guidance），其精神與歐美快速興起的自然地景資源設計、規劃與管理準則一致，主要為：

・捍衛、保存及強化倫敦重要的自然及人文開放空間網絡，以使倫敦人的日常生活更加豐富多彩。

・鼓勵人們多加利用倫敦的綠色基盤並與之互動，以提升倫敦人對城市綠色基盤的責任感。

・營造高品質、多功能且設計優良的開放空間網絡，作為重要的城市基礎建設以因應氣候變遷。

提出「大倫敦綠網」的目的，是要改變人們的觀念，讓人們不再只視倫敦為有著許多公園綠地點綴其中、並被鄉野環抱的城市，而能將綠色基盤視為像電力、自來水、瓦斯、光纖等基礎建設一般的城市生活必備要件。

「大倫敦綠網」的構想，可幫助倫敦既有的綠色基盤發揮更大的功能、被人們更妥善地利用。如同道路網一樣，所謂的「綠網」也是要將倫敦各個部分用綠地及綠廊串連起來，以供行人步行、水資源管理、都市降溫及生態保育之用。

建立綠網的基礎之一，是既有的河川及其他重要的自然地景廊道。

以綠網串連綠點、藍帶及綠帶

「大倫敦綠網」的願景如上所述，那麼其構成基礎又是什麼？

一、倫敦既有的河川，以及其他重要的自然地景廊道。

二、既有的開放空間，以及可設立新公園的潛力地點。

三、既有的綠色廊道，以及研議新設的綠色廊道。

四、位於倫敦邊陲，受官方指定保留的自然地景。

早在大倫敦綠網的構想提出前，二〇〇六年起，倫敦東部已開始推動「東倫敦綠網」（East London

Green Grid），因此大倫敦綠網能在東倫敦綠網的良好基礎上進一步發展。

在「東倫敦綠網」中，有一條廊道將沿途的鄰里公園串接在一起，它就是「夏托河廊道」（River Shuttle Link），其中的「夏托河濱步道」（Shuttle Riverway footpath）係沿河而設，除鄰里公園外，更串連了學校的遊戲場、一座高爾夫球場、許多住宅屋後花園之間的狹長型空間、森林，以及種植蔬菜、水果或花卉的小塊土地。

前面提過的二〇一一年「臺北都會區綠色基盤綱要計畫」委外研究案，結論中提擬了首要推動的十一處關鍵行動區位，其中「北縣核心區」涵蓋板橋、永和、中和、土城四區，建議「區內現有公園綠地的優化改善為最直接迅速強化區內生態跳島的可能，配合大漢溪、新店溪流域可營造之水岸綠地空間、遊憩整合串連，與都市道路綠廊道營造、建物綠化等手段」，以降低該區內高度密集開發之壓迫感，並調節微氣候，可謂對症下藥。

位於永和的永和社區大學與臺灣千里步道協會，亦長年致力於推動社區綠點、藍帶及綠帶的調查、串連與實體空間改造。

我們希望看到全臺灣更多地方，不論是由上而下發起，或是由下而上開端，都開始針對綠色基盤議題採取實際行動。

3

提升生活品質

■ 改善居住條件 ■

■ 打造休閒環境 ■

新加坡對街頭攤販的管理，值得臺灣參考。

住

改善居住條件

策略 1

街邊型夜市改為室內化美食中心

街邊型夜市應徹底改革！——借鏡新加坡的熟食中心

並非所有夜市都有問題，而是都會住宅區的「街邊型夜市」引發爭議。居住才是人類生活根本，其品質不容妥協。廉價飲食商販有存在必要，新加坡基於公共衛生建造「小販中心」集中管理。臺灣都會區夜市可朝「室內化」方向改革。

夜市又引發爭議了！但並非所有臺灣夜市都有問題，而是「都市」的「住宅區」的「街邊型夜市」惹議。

街邊型夜市本應隨社會進步而逐漸轉型，但政府疏於介入。

二〇一一年底的師大夜市事件，與二〇一五年底的樂華夜市風波，讓我們清楚看見，隨著臺灣都會區對居住品質的要求提高，上述類型的夜市竟仍得以存在，對於其既不合法又不合理的本質，以及其「無限制成長」的情形，人們越來越無法容忍。

夜市在臺灣各地皆有，但都會區的街邊型夜市，乃起源於臺灣工業化的城鄉移民潮，基於這種「過渡性」的本質，街邊型夜市本應隨社會進步而逐漸轉型，但政府疏於介入，才釀成兩次事件中的住商相爭。

街邊型夜市與居住品質的衝突

街邊型夜市爭議的重點，首先在「馬路上」，其次才是「住宅區」。

安全與安寧的居住才是人類生活的根本，商業、休閒與觀光皆屬次要。

以樂華夜市為例，附近居民抗議的理由，主要就是交通，及其衍生的消防與救護等安全疑慮，還有對於噪音與油煙的難以忍受。

道路是公共空間，其首要功能是讓行人與車輛使用，而都市中的居住人口密集，道路尤其應確保緊急救援車輛能隨時順利進出，絕不可恣意挪為他用。

家是休息的地方。安全與安寧的居住，是人類生活的根本，其他諸如商業、休閒與觀光都屬次要的需求，居住品質不容妥協。因此街邊型夜市必須從都會住宅區絕跡，無論是承租店面或移轉他處，攤商的轉型經營勢在必行。

—維持現狀派的四種論調—

如果街邊型夜市是不好的，為什麼從師大夜市到樂華夜市，我們還不斷聽到「維持現狀」的呼聲？

1……文化與觀光論

持此論者主張夜市是臺灣的文化特色與觀光重點。但臺灣氣候炎熱多雨，在露天街道上用餐，要說這就是道地的臺灣文化，實在很難讓人信服。況且，什麼能代表臺灣？要拿什麼向國際行銷臺灣？拿現況下的夜市，特別是擁擠、吵雜、髒亂的街邊型夜市，來推展臺灣觀光，恐怕只是滿足了先進國家觀光客對於包括臺灣在內的後進亞洲的野蠻想像。臺灣想要呈現給國際的形象到底是什麼？

2……階級與民生論

持此論者認為夜市飲食簡單、便宜又快速，逛夜市也是低門檻的休閒娛樂，而攤商亦靠夜市維持家庭生計，因此夜市是庶民生活不可或缺的一部分。但誰有權代表庶民說話？在街邊型夜市消費或工作的人們是滿意的，還是迫於生活困頓，才不得已因陋就簡，忍著熱、冒著雨都要來？能推動臺灣社會進步的精緻文化想像、理想生活藍圖在哪裡？

3……居民陰謀論

持此論者指責居民要「炒房」，才想盡辦法趕走街邊型夜市。但政府一度讓非法營業行為「就地合法」，亦有為爭取攤商政治支持而施恩之嫌，為何輿論卻不聲援居民、檢討爭議背後之政治因素？

4……民主與專制論

持此論者係反駁居民提議臺灣效法新加坡將

在街邊型夜市消費或工作的人們是滿意的，還是迫於生活困頓，才不得已因陋就簡？

街頭攤販集中管理，主張「我們是民主國家」，不應崇尚集權、「法西斯」。但根據英國《經濟學人》雜誌二〇一四年評出的「民主指數」（Democracy Index），在完全民主、瑕疵民主、混合政權、專制政權等四個等級中，亞洲只有日本和韓國屬完全民主，臺灣則在第二級，也就是「瑕疵民主」（Flawed democracies），得分尚低於印度，至於新加坡也屬同一級只是得分最低而已，臺灣目前的民主足以自豪嗎？況且，有規劃、有管理就等於專制嗎？

說到新加坡，他們又是如何管理街頭攤販，有沒有值得臺灣參考的地方？

政府興建熟食中心　街頭攤販集中管理

新加坡政府在各地設立熟食中心以集中管理流動攤販。

新加坡在一九五〇至六〇年代除經歷一連串的政治變遷（成為大英國協的自治領、加入馬來西亞聯邦、脫離聯邦而獨立建國）之外，亦經歷了快速的都市化，大量人口湧入市中心區工作與居住，為滿足其飲食需求，許多流動攤販因而出現在街頭，然而他們不但大多未持執照合法營業，販售的食物亦衛生堪慮。

新加坡政府因而在各地建造「小販中心」（hawker centres）將流動攤販集中管理，並由「環境與水源部」（Ministry of the Environment and Water Resources）轄下的「國家環境局」（National Environment Agency）負責監督。

然而，這些小販中心仍舊不夠衛生，缺乏乾淨的自來水與優良的清潔設備，致使流浪貓狗與病蟲經常可見，故仍擺脫不了窮人去處的社會形象。

後來，新加坡各地行政當局採取了一系列的小販中心改革措施，包括：規定任何店家須達一定的衛生標準方能獲得執照以進駐小販中心、針對店家優異的衛生表現頒予獎勵等，小販中心的名聲才開始改善。一九九〇年代後期，新加坡政府也將小販中心進行整修或重建，並全面更名為「熟食中心」（food centres）。

此外，國家環境局也建置了「我的小販」網站，除提供熟食中心之相關實用資訊外，還能讓加入會員的網友針對任何熟食中心或店家發表評論和推薦，甚至舉報衛生問題。

老巴剎整合多種機能　已成重要觀光景點

最具代表性的新加坡熟食中心，首推「老巴剎」（Lau Pa Sat），如今已為重要觀光景點，舊稱「直落亞逸市場」（Telok Ayer Market）。該建物於一八二五年落成，長二十四公尺、寬九公尺，面積為兩百一十六平方公尺（約六十五坪），在新加坡英屬時期自始至終一直作為菜市場。

新加坡獨立建國後，因該市場周邊商業買賣活動已十分蓬勃，菜市場幾無存在必要，才於一九七二年轉型為小販中心，提供熟食，翌年還受政府指定為國定古蹟。

一九八九年，新加坡旅遊促進局（現更名為新加坡旅遊局）斥資新加坡幣六百八十萬元（約合新臺幣一．五億元），完成了該建物的改裝作業，依民間的習慣稱呼更名為「老巴剎」，即新加坡福建話「老市場」之意，並找來美食廣場經營業者負責管理，重新定位為「節慶市場」（festival market），目標客群鎖定上班族及觀光客。

最具代表性的新加坡熟食中心，首推「老巴剎」。

重新開張時，該熟食中心的用餐空間分為露天與室內兩區，然而起初在室內區用餐甚為悶熱，裝設空調後才挽救了一度慘淡的生意，此後也陸續進行硬體改善措施。

老巴剎從一九九六年起開始全天候二十四小時營業，除供應飲食外，也開設便利商店、修鞋店、裁縫店與洗衣店，整合多種生活機能，在週末的夜晚更有樂團現場演唱。

值得一提的是，為重現一九七〇年代之前的新加坡街頭飲食文化景況，平日晚間七點後、或假日下午三點後，老巴剎附近的文達街（Boon Tat Street）部分路段便會封街，讓十幾家賣沙嗲的攤販沿街做起生意，由老巴剎的經營單位擺上摺疊桌與塑膠椅供來客用餐，這樣的「露天沙嗲盛會」每日皆持續到午夜三點為止。

新加坡老巴剎外觀，入口招牌繪有一名舊時的街頭小販。

懷舊要適度　生活要提升

任何一個國家都無法使人人經濟寬裕，因此，提供廉價飲食的商販有其存在的必要，新加坡政府也並未將之消滅，而是基於公共衛生，建造「小販中心」，將非法營業的街頭攤販集中管理，且改善硬體設備、整合生活機能，使國民與觀光客同時受惠。

現在也好，未來也好，臺灣社會都必定有中低收入階層，薪資成長停滯現象亦是一時難解。因此，臺灣的夜市仍有存在必要，只是需要「優化」。

以臺灣都會區的夜市而言，若考量炎熱多雨氣候、公共衛生、交通與環境衝擊等因素，應朝「室內化」方向進行改革，政府可提供公有地並協助營造建築。

夜市並非不可以拿來行銷臺灣觀光，但改善後的夜市才對臺灣國際形象有利。老巴剎的入口招牌，繪著一名新加坡舊時街頭小販，或許訴說著新加坡希望傳達給國民與觀光客的價值，但又絕非要大家走回頭路，像從前那樣在簡陋的環境中揮汗吃著品質不可靠的食物。

一八九五年發源於臺南的「度小月」擔仔麵，當初亦是街頭小販，如今其店面內擺設爐灶，店員坐在爐前矮凳上煮麵給客人吃，使人發思古之幽情，然而整體用餐空間卻又乾淨衛生。

就從臺灣文化中認真萃取適合懷舊的對象，作為休閒活動與文化體驗，適度懷舊即可。至於我們的每日生活空間，則值得追求更高的居住品質！

紐約用容積獎勵促使民間開發商提供合宜住宅。

住

改善居住條件

策略2

鼓勵民間協助開發合宜住宅單位

讓民間協助開發社會住宅！——紐約讓建商以合宜住宅換容積獎勵

居住正義得靠社會住宅政策來實現。臺灣的產權多為私有，政府持有土地不多，或許能參考情況類似的美國紐約，用容積獎勵促使民間開發商協助提供合宜住宅單位。但這是解決了問題，還是造成了更多弊病？

「社會住宅」的觀念在臺灣談了許多年，無論中央或地方政府，皆已認同讓社會住宅融入一般住宅之中「混居」的做法，才能避免社會住宅被貼上負面標籤。

臺灣的產權多為私有，政府持有土地不多，在社會住宅政策上可學習情況類似的美國。

臺北市政府於二〇一五年初表示，將陸續開放捷運聯合開發公共住宅（聯開宅）的市府分回部分，作為「只租不賣」的公共住宅，讓二十歲至四十五歲，且年總收入不超過新臺幣一百一十九萬元、個人月收入不超過五萬元的民眾申請。

這樣的政策，引起了聯開宅原居民的抗議，擔憂影響房價、降低生活品質，甚至有大樓管委會曾要求公共住宅住戶從不同的門進出。市府則表示，將致力於與原居民溝通，化解他們的疑慮。

臺北市長柯文哲指出，釋出捷運聯開宅只是第一步，未來將努力興建中繼住宅及執行公辦都更，打造出五萬戶公共住宅。畢竟，「居住正義」的口號，還是得靠社會住宅政策來實現。

由於臺灣的產權多為私有，政府持有土地不多，在社會住宅政策上，情況類似的美國能讓我們學習。讓我們看看紐約，其用容積獎勵促使民間開發商提供合宜住宅的政策，是解決問題？還是造成更多弊病？

鼓勵民間開發商提供合宜住宅

紐約的社會住宅事務，是由簡稱 NYCHA 的「紐約市房屋局」（New York City Housing Authority）掌管，其於一九三四年設立。次年，在當時尚是一片移民與工人階級街區的曼哈頓（Manhattan）下東城（The Lower East Side），NYCHA 經營的第一棟公營住宅落成啟用了。

發展至今，NYCHA 在全紐約市共經營超過三百處公營住宅，容納超過十七萬戶、四十萬人。除了公營住宅，NYCHA 也提供一般民間租屋的補

曼哈頓下東城早期是移民與工人階級街區。

貼，目前約有二十三萬人受惠。

只是，公營住宅的建造與維護終究還是政府的財政負擔；而且公營住宅易給外界「窮人之家」、「犯罪溫床」的印象，居民也無可避免地遭受歧視眼光。所以，鼓勵民間開發商協助，在開發案中提供更多人租得起或買得起的合宜住宅單位，也是NYCHA推動的政策之一。

一九八七年，NYCHA開始針對紐約的高密度分區，執行「包容性住宅政策」（Inclusionary Housing Program）：只要開發商願意在開發案中提供合宜住宅單位，便能獲得住宅容積獎勵，而法律也允許其將獲得的容積移轉至其他開發案上。

容積獎勵的多寡，取決於下列幾個因素：合宜住宅單位是位於開發案內還是案外（只要位於同一社區、或半徑八百公尺範圍內，該政策亦視為合格）？合宜住宅單位是新建，還是僅為修復或保存既有的？是否需要動用政府資金？

此項政策成功鼓勵了民間開發商的參與，只是開發出來的合宜住宅單位，多集中於曼哈頓一區。因此，從二〇〇五年開始，NYCHA主動指定了市內更多地區，同樣祭出以合宜住宅換容積獎勵的政策。

此外，NYCHA也有一項所謂「521a賦稅減免」（521a Exemption）的措施，可讓上述這些含有合宜住宅單位的建物，獲得最多達二十五年的房屋稅減免。

「綠色大道」（Via Verde）就是一個出色的民間開發合宜住宅案例。它位於布朗克斯（The Bronx）區，

只要開發商願意在開發案中提供合宜住宅單位，便能獲得住宅容積獎勵。

是兼具合宜住宅與永續發展理念的住商混合開發案，高二十層，內含兩百二十二個住宅單元，其中七十一個單元鎖定中等收入客群出售，其餘一百五十一個單元則作為合宜住宅出租給較低收入者，租金會維持合宜水準達三十年之久。

該案在地面留有空間，現出租給醫療中心及零售商店；且也規劃了庭園、兒童遊樂區及綠屋頂，可供種植蔬果，還能蒐集雨水再利用。

本案反映了紐約市政府催生新一代社會住宅的承諾，嘗試打造健康而永續的生活方式，因而獲得市府頒發獎項鼓勵，也為合宜住宅的永續設計立下了新標竿。

貧富住戶分門而居　爭議開發案引燃論戰

曼哈頓上西城是紐約的精華區。右側大樓即為「濱河大道四十號」。

然而，也有頗具爭議性的案例。

開發商 Extell 在曼哈頓上西城（The Upper West Side）興建高三十三層的「濱河大道四十號」（40 Riverside Boulevard），內含兩百七十四個住宅單元，其中將提供五十五個單元出租給低收入者。這一帶是紐約的精華區，住在這裡的人，不論貧富都能享有附近優質的學區及良好的治安等利益。

但，不同的收入，卻決定居民回家的入口——那些收入較低的租戶，必須從建物背面的門出入，而他們較富裕的鄰居們則擁有面對水岸的大門。不但如此，合宜住宅租戶還無法使用大樓的游泳池、健身房等公共福利設施，即使表明願意付費也不行。

這棟充滿爭議的豪華大廈，從外觀看，合宜住宅

位於桃園龜山的合宜住宅。

實際上是其六層高的附樓，但兩者結合得天衣無縫，看起來就像是同一棟建物。開發商辯解說，這種使收益最大化的設計，能讓他們更有餘力提供合宜住宅單位，否則，依開發商原本的邏輯，根本不會在開發案內設置任何合宜住宅單位，因為這對其財務完全無益。

此案引發了激烈的論辯。有人主張，像這種按住戶貧富而將之隔離、使之分門而居的開發商，根本不應享有政府的容積獎勵。

有人則認為，雖然這種做法違反政府提倡的人人平等原則，但比起貧戶、富戶是否從同一大門出入，催生更多的合宜住宅更顯得重要。目前，紐約市長已宣示要在二〇二四年前新增八萬戶合宜住宅。

不過在美國，歧視畢竟是極敏感的社會問題。紐約市政府已在修改相關法規，禁止這種分設住戶入口的做法。

政府應以魄力化解問題　好事不應因噎廢食

紐約的做法，是製造容積獎勵、賦稅減免等政策誘因，以運用民間商業力量打造更多的合宜住宅單位，在這過程中，對於「混居」所可能給人帶來的疑慮，則確立了「反歧視」的原則，並準備修法禁止一般住戶與合宜住宅住戶之間的隔離措施。

以量觀之，從二〇〇七年到二〇一四年，紐約靠著包容性住宅政策，確實在七年時間內成功催生了五千戶合宜住宅。

桃園市長鄭文燦也曾提出以容積獎勵交換社會住宅的理念，相信臺北亦考慮過、或將考慮同樣的做法。推行過程中產生的問題，政府得拿得出魄力去化解。畢竟，既然是好的政策，就不該因噎廢食。

住

改善居住條件

策略3

都市交通噪音問題採斷源處理

交通噪音是看不見的汙染，七十分貝以上即可讓人焦慮不安，產生症狀。

城市該如何對付交通噪音？
——看日本與英國如何使街頭重返寧靜

交通噪音對人體有害，臺灣管制寬鬆，應採斷源思維，以電動車取代燃油車、提高燃油車使用門檻、遏止噪音車輛改裝。日本提高使用門檻降低了機車熱潮，商務電動機車也受鼓勵。英國倫敦改採綠能巴士，針對跑車噪音亦祭出法令對付。

「噪音」是一種看不見的汙染，對人體的危害眾所皆知。

根據行政院環保署「噪音管制資訊網」，四十分

交通工具所產生的噪音是持久性的，一天之中大部分時間都干擾著都市的居民。

貝以上的噪音即能干擾睡眠，五十分貝以上就會引起些微的不適感，而一個人若長期處於音量七十分貝以上的環境，則將焦慮不安，乃至發生各種症狀，甚至是聽力受損。

在臺灣的城市裡，噪音的來源有很多種，例如：營建及室內設計工程、選舉活動、民俗活動、大型運動娛樂集會，皆屬偶發性噪音，會隨事件的結束而消失。但在都市的道路上，從清早到深夜無時無刻沒有車輛，因此，交通工具所產生的噪音，是持久性的噪音，一天之中大部分的時間都干擾著都市的居民。

若排除不經常出現在都市道路的特殊車輛（大客車、大貨車、聯結車等），日常生活中的交通噪音係來自於公車、汽車、機車等三種以燃油為動力來源的交通工具。

汽、機車引擎與排氣管改裝後，更能產生超過一百分貝的巨大噪音。

它們的噪音，又可分為車輛本身機械運作所發出的「本質性噪音」，以及車輛刻意改裝後所發出的「炫耀性噪音」。

臺灣交通噪音管制太過寬鬆

臺灣政府對交通噪音的管制嚴格嗎？完全不。

根據環保署訂定的《機動車輛噪音管制標準》，所有對於汽、機車設定的噪音管制標準值皆高於七十分貝，若搭配本文開頭的環保署噪音定義來看，這簡直等於表示「干擾睡眠、引人不適的噪音，法律不禁，非要等到噪音讓人焦慮不安產生症狀了，法律才介入」。

實際上，汽、機車引擎與排氣管改裝後，更能產生超過一百分貝的巨大噪音。警方雖設法取締，但時段、路段既然有限，成效亦是有限。

至於架設「噪音車檢舉網站」——期待民眾都能眼明手快，在街頭目擊噪音車輛時，立刻掏出智慧型手機，將快速行進的噪音車輛連同其車牌號碼，拍成清晰的影片以作為檢舉證據——則更加不切實際了。

下一個政策又會是什麼？難道會是呼籲民眾為自己的家裝設氣密窗？

減低交通噪音應採「斷源」思維

針對交通噪音問題，「斷源」才是從根治起的正確方法。在此，我們應該思考的是：

一、燃油動力車輛的引擎，是造成噪音的源頭。

二、燃油動力車輛的使用門檻越低，就越多人使用，也就會產生越多的噪音。

三、改裝車輛發出的加大噪音，是蓄意造成公眾危害的反社會行為（anti-social behaviour）。

由此看來，「以電動車取代燃油車」、「提高燃油車的使用門檻」、「遏止提高噪音的車輛改裝」這三件事，會是有助於減低都市交通噪音的三支利箭。

同是島國的日本與英國，在交通噪音防治方面能給臺灣什麼啟示？

日本也曾經是機車大國，但如今的高使用門檻使機車不復為通勤族所青睞，而派報社與外送業者更捨燃油機車就電動機車，以提升社會形象。

日本機車的使用門檻高，使機車不復為通勤族所青睞。

英國首都倫敦基於減碳動機，著名的紅色巴士一輛輛轉為綠能車輛，使街頭更安靜了，而針對每年夏天的跑車噪音問題，政府則祭出法令對付。

大清早改用電動機車　日本派報社廣受好評

只要是淺眠的人，想必都非常痛恨每天清晨讓人從睡夢中驚醒的送報機車聲，但這問題其實並非無解。日本的派報與夾報廣告處理公司Pressio，從二〇一〇年起採用每臺售價十四萬日圓（約合新臺幣四萬元）、安靜的電動機車，取代原本的燃油機車來送報，採用的車輛也專為送報而設計，在車尾後方裝置大面積置物架，負載力達二十公斤重，如此既能省下大筆燃料費，亦提升了公司的社會形象。

這種做法頗受好評，許多宅配公司跟進採用，電

日本派報、郵務、快遞單位，採用了安靜的電動機車，省燃料費亦提升公司形象。

動機車一時供不應求，有些車商還趁勢推出改裝服務，可將一般機車的油箱直接拆下，改成放電池的空間。

日本輕型機車限速嚴格　考照耗時貴又難

《聯合報》二〇一四年報導了曾經也是機車大國的日本，如何靠著「經濟性」與「制度性」手段，提高機車入手門檻，擺脫機車熱潮，變成我們現在所見以大眾運輸、自行車及汽車為主要交通方式的寧靜社會。在今天的日本，街頭上常見的機車只剩下兩種：業務用機車（如食品外送）以及嗜好用機車（可在高速公路奔馳的重型機車）。

日本的五十C.C.輕型機車，限速每小時三十公里，不比電動腳踏車快多少，價格卻貴得多，因此不受青睞。至於馬力夠強、速度夠快、可用來通勤的一二五C.C.機車，駕訓班學費卻高達新臺幣五至六萬元，幾乎等同於一臺新機車的價格。此外，機車考試又貴又難，參加路考得繳新臺幣七千元，二〇一三年每人平均要考超過十七次才合格，更重要的是上駕訓班的課需花三至四天。

想騎機車，耗時又傷財，不但讓平時不敢輕易請假的日本上班族卻步，沒錢的大學生就更別提了，於是大多數要買代步工具的人，還是選擇了入手自行車或汽車，機車使用者只占目前全體通勤與通學人口的三%而已。

倫敦巴士減碳變綠　公車站牌無線充電

在倫敦，交通工具的排碳量占所有排碳來源的二十%，而公車又占了所有交通工具排碳量的五%。柴電混合動力車，可比純以柴油為動力的車輛少排碳四十%。以全倫敦超過八千輛的公車而言，若全改為柴電車，則每年可少排碳二十萬噸，更有民間環保團體呼籲多加採用完全不排碳的氫氣車。

因此，倫敦市政府一方面與公車業者合作，以每年五百輛的速度，一條條路線逐步汰換市內公車，一方面亦開始為公車站牌加上無線充電功能，讓公車停靠時能獲得充電。

市府的最終目標，是將所有公車皆換為綠能車——不論是柴電車、氫氣車、生質能源車或純電動車——預計在二〇二〇年來臨前，讓倫敦市中心範圍內的三百輛單層巴士達到零排碳目標，三千輛雙層巴士則改為柴電混合動力車。

倫敦為了減碳，紅色巴士變成綠能車輛，連公車站牌也試行無線充電。

中東富少跑車狂飆　倫敦祭出法令開罰

每年夏天，跑車的噪音是倫敦人的夢魘，因為包括卡達、沙烏地阿拉伯、阿拉伯聯合大公國及科威特等許多中東產油國家的富二代，在齋戒月結束後赴英國避暑度假，把名貴的超級跑車也一併運來了。他們經常違規停車，也在街頭恣意競速，不過最惱人的則是他們從早到晚製造的噪音，包括猛踩油門、瞬間加速、大聲放音樂等，甚至連夜深人靜時分也不放過。睡眠品質大受影響的倫敦市民，紛紛向政府抗議。

跑車噪音最為猖獗的肯辛頓—切爾西區（Kensington and Chelsea），根據英國國會訂立的《反社會行為、犯罪及警務法》（*Anti-Social Behaviour, Crime and Policing Act*），制定「公共空間保護令」（Public Spaces Protection Order），對下列九項行為處以一百至一千英鎊（約合新臺幣四千八百至四萬八千元）的罰款：高速運轉引擎以致造成公眾危害、一再的突發迅猛加速、競速、停車時引擎怠速、做出特技動作、鳴按喇叭以致造成公眾危害、播放音樂以致造成公眾危害、辱罵他人、在公用道路上以成群結隊行駛或停放等行為造成阻擋事實。

然而，因為這些跑車係在英國境外登記，導致產生許多積欠罰款的案例，英國政府正尋求解決方案，包括向相關國家取得涉案車主登記資料等。

日英致力使街頭重返寧靜　臺灣如何效法

從日、英兩國的例子中，我們該注意的關鍵是勇於任事的政府，以及追求良好生活品質的社會，在市場機制下，兩者之間產生的有效互動。

日本曾經是機車大國，也許是「暴走族」的現象讓政府決定開始對機車的取得與使用設下重重限制，成功使街頭恢復了平靜；而「不造成他人困擾」的日本文化，更使派報社產生自省，從而用電動機車取代擾人清夢的燃油機車，獲得社會的正面迴響，使更多外送業者跟進，形成市場需求，甚至連機車行也受到鼓勵，推出讓燃油機車更安靜的電動化改裝服務。

英國政府則負起責任面對氣候變遷，厲行減碳措施，汰除燃油公車，減低了街頭的交通噪音；至於對付超級跑車的噪音，也不會只採用消極的時段性執法，而是採主動姿態，嘗試從源頭掌握車主資料，確保開罰能夠收效。

機車已成許多臺灣人生活的一部分，短期內不會改變，但燃油機車的「本質性噪音」是絕對需要正視的問題。

若能有法令規定臺灣所有派報社、外送業者均須採用電動機車，首先便會消除不少噪音。接下來，在機車市場上，對於電動機車的新一股需求便會因此產生，政府可推波助瀾祭出誘因，鼓勵機車持有者與民間機車行把現有的燃油機車改裝為電動機車。

等電動機車達到某一普及程度後，若能再實行「輕型燃油機車速限降低、重型燃油機車考照變貴」，進而採取「都會區加油站只提供機車充電服務、不再加油」的措施，臺灣都市居民將能重享寧靜生活。

針對燃油公車的「本質性噪音」，臺灣各城市已開始陸續採用油電混合公車，應進一步明訂汰換燃油公車的量化目標及時程表。

至於改裝汽、機車的「炫耀性噪音」，臺灣已有取締措施但效果不彰，除可讓警員如西方國家那樣經常在街頭進行走動巡邏（而非全部都是騎著機車巡邏，以至於自己也對交通噪音習以為常）之外，也應從改裝噪音的源頭，也就是協助車主改裝的車行下手，制訂法令，對於加大噪音的改裝服務予以重罰，甚至是斷水斷電或勒令停業處分，如此便能從源頭預防噪音的產生。

交通噪音攸關國人身心健康，是重大的公共衛生議題，不應等閒視之。想提升都市居住條件？先對付交通噪音，營造更加安靜的環境吧！

倫敦的奧運不是為辦而辦，而是利用機會，一舉解決城市的問題。

休 打造休閒環境

策略1

大型活動場址的再利用

花博結束了，場館怎麼辦？——後奧運倫敦給臺北的啟示

臺北辦花博的目的是什麼？二〇一二年剛辦完奧運不久的倫敦，就非「為辦而辦」，而是利用機會順便解決城市問題。東倫敦長久以來較衰敗，倫敦申辦奧運時，承諾對該地進行長期規劃與發展，且由市長創立具任務性質的開發公司專責推動。

簡稱「花博」的「二〇一〇臺北國際花卉博覽會」是臺灣首次獲國際授權舉辦的世界級博覽會，於二〇一一年上旬落幕後，臺北市政府將其舉辦場

地規劃為「花博公園」，總面積超過四十公頃，保留十四座展館，並於同年成立「臺北市會展產業發展基金會」，以負責營運管理。

從帳面上的數字看起來，花博公園的經營成效還不錯。保留下來的展館辦了許多活動，讓全區參觀人次輕鬆突破市議會要求的每年三百萬之目標，二〇一二、二〇一三年各達四百萬人次，二〇一四年更創下五百七十萬人次的新高。靠著展館場地出租，三年下來，收益累積超過新臺幣兩億元，而撙節的支出也達一．五億元。

根據臺北市政府產業發展局的說明，花博公園內最重要的機構是臺北市立美術館，因此整個公園也被定位為「文化」與「設計」的場域。除引入會展產業外，也將與中央政府合作，將此地打造為創業的場所，鼓勵共同工作空間（coworking space）、育成中心（business incubators）進駐；每個週末，這裡亦舉辦農民市集；也歡迎市民朋友一同提供想像，讓此地有更多新的發展可能。

如果，花博公園的營運思維至今仍像是：「做什麼都好，反正不要讓場地閒置著！」那麼，當我們試著思考「到底當初臺北辦花博的目的是什麼？」卻難以找到答案，也就並非巧合了。

倫敦市長設開發公司　利用奧運活化東倫敦

相比之下，主辦二〇一二年奧運的倫敦，就不是「為辦而辦」，而是利用舉辦奧運的機會，順便解決城市面臨的問題。

倫敦的東部長久以來是較衰敗的地區。二〇〇五年，倫敦獲得二〇一二年夏季奧運會及夏季殘奧

倫敦以奧運周邊地區的長期規劃與發展作為申辦主軸。

會舉辦權。當初，倫敦在申辦奧運時，所做的最重大承諾，就是「奧運園區與其周邊地區的長期規劃、發展、管理與維護」，而園區預定地就在東倫敦。

為兌現該承諾，在奧運會開幕三個月前，時任倫敦市長強森（Boris Johnson）宣布創立「倫敦奧運遺產開發公司」（London Legacy Development Corporation，簡稱 LLDC），於奧運期間及其後，管理奧運園區跟園內的場館設施，並且推動東倫敦的活化再生。

強森自二〇〇八年上任後就曾多次強調，要好好利用奧運這個機會。在強森於二〇一〇年發表的《倫敦經濟發展策略》中便提到，要讓奧運產生的利益擴至最大。次年，強森發布「倫敦計畫」，更明言奧運是倫敦未來二十五年內最重要的策略性都市再生機會。

東倫敦將致力於弭平差距，要讓居民擁有不輸給其他區的發展機會。

因此，於二〇一二年四月創立的LLDC，其使命即訂為：「利用倫敦奧運這個百年一遇的機會，以及伊莉莎白女王奧運公園（Queen Elizabeth Olympic Park）的設立，在東倫敦發展出充滿活力的都會新心，為在地居民帶來發展機會，並驅動倫敦與全英國的創新與成長」。

LLDC既是由倫敦市長親自設立的開發公司，因此透過市長直接對市民負責，其密切合作的夥伴，除市長辦公室外，亦包括了整個市政府、英國中央政府、地方組織、企業、都更機構，以及全英國與國際的運動、文化與休閒組織，還有奧運園區所在的東倫敦哈克尼（Hackney）、紐漢（Newham）、陶爾哈姆萊茨（Tower Hamlets）、瓦爾珊森林（Waltham Forest）等四區區公所與居民。

上述的東倫敦四區區公所在LLDC董事會裡皆

有席次，並與市長達成共識，採納「弭平差距」（convergence）原則，透過興建社會福利設施及推動一系列的在地就業、活化再生、社區營造等計畫，加強凝聚居民，要在二十五年內讓他們擁有不輸倫敦其他市民的社會與經濟發展機會。

明訂目的　短期計畫先行　長期計畫後補

二〇一二年八月奧運落幕，八個月後，LLDC的三年計畫（二〇一三至二〇一六年）開始執行，其中以第一個年度（二〇一三／二〇一四）最為關鍵，在這階段要做的事，包括了將奧運園區轉型為前述之伊莉莎白女王奧運公園而重新對外開放，也要開始在當地興建第一批住宅，以及相關的基礎建設。

在三年計畫中，LLDC也明訂了三大工作目的，包括：

1……公園（Park）

打造一座內含世界級運動場館的奧運公園，供在地居民休閒使用，並以滿檔的運動、文化與社區活動吸引遊客造訪。

2……場所（Place）

在東倫敦創造城市新心，吸引各界投資，讓人們願意遷入，並鼓勵企業進駐及創業。

3……人們（People）

為在地居民創造轉型機會，擴大就學與就業資源，並促使東倫敦活化再生，以拉近與其他地區的差距。

至二〇一四年七月，LLDC又通過了新的十年計畫（二〇一三至二〇二三年），以取代舊的三年計畫。此時，奧運公園與其場館皆致力於整修工程與營運

倫敦奧運園區準備引入文教機構與新建住宅。

安排，並漸次對外開放；數位產業園區及文教區的設立構想，均順利找到了領頭羊，像是英國電信體育臺（BT Sport）、筆者曾就讀的倫敦大學學院（UCL），以及維多利亞與艾伯特博物館（V&A）；至於欲興建的七千戶住宅，也順利取得全數建照，且第一批的八百戶已準備動工。而奧運公園的整修與營運，亦成功提高了在地居民的就業率。

除營運場館更引入產業文教　確保活力延續

十年計畫除了重申 LLDC 的使命及前述之三大工作目的外，還提出了經濟（弭平區域落差，創造就業機會，促進社區參與）、社會（提倡平等與包容精神）、設計（確保高品質設計）、環境（確保環境永續性）等四大優先課題，讓 LLDC 在執行所有計畫時皆能有所依循。根據三大工作目的，LLDC 訂出了若干目標：

1……公園

・在二〇一四年完成奧運公園與其場館的整修，並重新開放（除主場館需遲至二〇一六年開放）。

・妥善營運奧運公園與其場館，使其以各式精彩活動而聞名，每年吸引九百萬人次造訪。

・達到英國中央政府社區與地方事務部所評定之優質公園水準。

・頭三年舉辦十五場大型運動賽事。

・所有舉辦的活動，做到零垃圾掩埋。

2……場所

・規劃的七千戶住宅，先完成兩千五百戶。

・建立兩間高品質的新學校。

・達到零碳住宅標準。

・透過前述之數位產業園區及文教區第一期的開發，創造一萬三千個工作機會。

・促進奧運區域的整體發展。

3……人們

・確保在地居民受益。

・利用殘奧留下來的無障礙設施，推動身障者體育。

另外，再加上「財務穩定，不再多拿政府補助」，LLDC共要達成上述這十三個目標。

值得注意的是，LLDC定位為任務型組織。十年計畫每三年檢討一次，且預計於該計畫執行完畢後解散，並準備在第一次檢討時（也就是二〇一六／二〇一七年度），由倫敦市長及該公司的合作夥伴，來對後續安排做出決定。

倫敦將妥善營運奧運公園與其場館，使其以各式精彩活動而聞名。

跳脫現有框架　活化城北地區　花博公園能有更大貢獻

後奧運倫敦能給臺北的啟發，包括：

一、英國當局除了在奧運後繼續營運園區與場館，更打從一開始就立意促進奧運周邊區域的活化再生，把當地原居民生活的改善納入了考量之中。

二、若能適當導入產業及文教機構，則這些「永久性使用」，比起用場館排檔期辦活動的「臨時性使用」，更有望確保該地的長期繁榮。

三、奧運園區的營運單位，若設定成目標明確而有時限的任務性機構，將有助於評估其工作績效。

政府努力不讓花博場館閒置，但到底當初辦花博的目的是什麼？

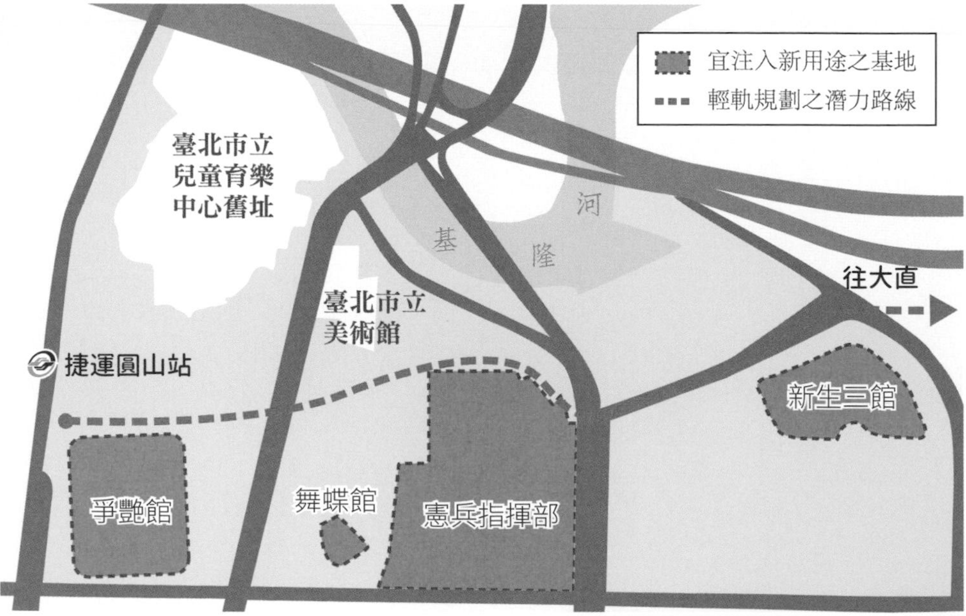

花博公園未來可能的發展示意圖。

好好把握的話，大型活動的舉辦往往都能成為城市變革的良機。以奧運而言，不只倫敦，鄰近臺灣的首爾與北京皆然，而一九六四年就辦過奧運的東京，也正摩拳擦掌從事城市大改造，以便擔任二〇二〇年的奧運東道主。

花博雖然不是奧運，但未嘗不能有同樣的野心！

爭艷館（原中山足球場）、舞蝶館、新生三館能不能扮演比現在更重要的角色、採取更為永久而非臨時的使用方式？

位於民族東路的憲兵指揮部是否能遷走，原址改為新美術館或藝術院校之用？

圓山與大直、內湖之間的大眾運輸，有無機會由現在的公車改為通過花博公園的輕軌？

放眼未來，花博公園仍有機會為臺北做出更永久的貢獻——若它能跳脫現有的框架，認清自身的區位特色，期許作為臺北未來可能的中央公園，一肩扛起城北地區（大同區與中山區）活化再生的重責大任。

休

打造休閒環境

策略2

市中心機場的再利用

前身為飛機場的騰普霍夫自由公園使用現況。

松山機場用地，未來何去何從？——看柏林騰普霍夫機場的廢除經驗

松山機場未來應廢除，終因復興航空南港空難而漸成各方共識。臺北市政府提出的松機地區再生願景，缺乏民眾參與，市民將如何看待這樣的構想？在柏林第一個機場騰普霍夫關閉後，市政府主張進行部分再開發，卻慘遭市民發動公投否決，松機地區的再發展，又可以從中得到什麼啟示？

二〇一五年二月發生南港空難，從臺北松山機場飛往金門的復興航空班機，起飛後不久即墜毀於基隆河，機上傷亡慘重，也連帶造成地面人員受

害。飛機左翻近九十度橫越高架道路上空的畫面，烙印在許多人的腦海中。松山機場的存在，對人口密集的臺北都會區所構成的威脅，這才變得清晰起來。

不久後，臺北市長柯文哲透過幕僚指出，廢除松山機場已是既定目標，而原先主張保留松山機場的國民黨執政之中央政府，也終於改變態度，指出需等到桃園機場捷運通車、桃園機場第三跑道整修及第三航站擴建完成——也就是二〇三〇年以後——松山機場的廢除才有可行空間。

二〇一五年四月三日，柯文哲市長就職百日當天，臺北市政府都發局於網路上發表「二〇五〇年臺北大改造」影片，提出八個改造計畫，要讓臺北成為宜居城市。

八大改造計畫中，「松機地區再生計畫」明確表示要廢除松山機場，並將其總面積約兩百一十三公頃用地分為北、中、南三區：近基隆河的北區將成為「大尺度河岸生態開放空間」，中區是「產業發展儲備用地」，南區則融入既有市區，採「商業與住宅區域規劃」。

都發局的構想，多受輿論批評，指其仍不脫「由上而下」傳統都市規劃思維，而「由下而上」的民眾參與程序，則依舊付之闕如。

南港空難後，廢除松山機場顯然已漸成各方共識。但廢除之後的利用方式，市民又將如何看待市府目前推出的構想？

同樣位於首都的中心區內，德國柏林於二〇〇八年關閉的騰普霍夫（Tempelhof）機場，總面積約

臺北市政府提出「松機地區再生計畫」卻多受輿論批評。

對柏林人來說，騰普霍夫機場承載著許多的集體記憶。

三百公頃，與松山機場相去不遠，是有名的「機場變公園」案例；柏林市政府曾想利用其部分土地進行住宅與商業開發，市民卻不領情，發動公投否決了該構想，成功捍衛了這塊難得的市區大空地。

滿載著德國人集體記憶的老機場

騰普霍夫的這一大片土地，在成為機場前，曾是練兵場、足球場，也公開進行過一些飛行實驗。隨著世界大步躍進航空時代，一九二三年騰普霍夫機場也正式展開營運，並在一九三〇年代成為全歐吞吐量最大的機場。納粹執政下，曾在此短暫設置集中營，而冷戰時期，西柏林遭蘇聯封鎖，西方陣營用以輸送民生物資、突破封鎖的「柏林空運」（Berlin Airlift）計畫，也正是透過二戰後遭美軍接管的騰普霍夫機場；在柏林圍牆建起，正式隔絕東、西柏林之間的往來前，對欲逃離蘇聯掌控的東德人來說，騰普霍夫機場是通往自由世界的入口。

此後，柏林陸續新建的特格爾（Tegel）機場、舍恩菲德（Schöenefeld）機場，皆與騰普霍夫形成競爭關係。德國統一後，騰普霍夫機場獲登錄為歷史建築。一九九六年，柏林市長與環繞柏林的布蘭登堡邦邦長、德國聯邦交通部長之間達成共識，決定將舍恩菲德機場作為柏林最主要的機場，將柏林所有國內外航班統整於此，並集中資源進行擴建；而在著手擴建前，為確保投資效益並減低反對聲浪，當局也決定一口氣關閉騰普霍夫以及特格爾，也就是同一城市的其他兩個機場。

對一些柏林人來說，騰普霍夫機場承載著太多的集體記憶，要關閉它，實在是情何以堪！基於情感理由，有民間團體蒐集了足夠數量的市民連署，發起反關閉機場公投。

在公投前的辯論中，德國的基民黨（CDU）、自民黨（FDP）等兩個中間偏右政黨主張保留騰普霍夫這個位於市區的機場，以便商務及私人用途，同時也可延續其獨特的歷史；經營騰普霍夫的柏林機場公司，則主張暫時維持騰普霍夫的開放，等舍恩菲德機場擴建完成再關閉也不遲；但柏林市政府則堅持關閉騰普霍夫，以確保舍恩菲德機場的擴建能真正產生效益，而環保團體也以市區機場影響市民生活品質為由，選擇站在市府這一方。

公投於二〇〇八年四月舉行，結果投票率相當低落，僅三十六％；其中雖有六十・二％票數反對關閉機場，但也只不過是合格選民總數的二十一・七％，未達產生效力的二十五％門檻，

原騰普霍夫機場航廈獲得保留，頗受遊客青睞。

公投因而宣告失敗，騰普霍夫的廢除命運自此正式決定。同年十月，機場關閉，當日舉行「再見騰普霍夫」晚宴，而一些仍憤憤不平的懷舊人士，則在機場邊緣的廣場辦了抗議集會，點起燭光哀悼機場的廢除。

機場變公園　柏林市民喜獲新樂土

機場廢除後，其用地暫不開發，而作為展覽會、音樂會及運動賽事的活動場地。至於航廈、雷達站等這些存在已久的建築，則仍由超過一百個單位繼續使用，包括德國軍方、柏林市警察局、交通局與失物招領中心，甚至還有幼稚園、舞蹈學校及二輪電影院等。

二〇一〇年，柏林市政府正式將騰普霍夫變成市民公園，考慮這塊土地於冷戰時期曾扮演的角色，遂取名為「騰普霍夫自由公園」（Flughafen Tempelhof）。市民喜愛自不在話下，除了常見的慢跑、野餐與烤肉，也有溜冰、做瑜珈、放風箏及玩風力車，亦不乏市民來此蒔花種草，甚至有人還把家裡的沙發都給搬過來了，在此享用露天啤酒。見證了納粹史與冷戰史的原機場航廈，也頗受遊客青睞。

騰普霍夫這樣一大塊位於市區的土地，照說開發起來應價值連城，卻僅作為公園使用，這在世界級大城市中實在罕見。

市長提出開發構想　慘遭市民公投否決

果然，送出如此龐大的贈禮，柏林市政府很快就後悔了。二〇一一年德國地方選舉，競選連任的柏林市長克勞斯・沃維雷特（Klaus Wowereit）便以柏林房價居高不下、人口不斷移入、缺乏建築用地為由，提議將騰普霍夫較外圍約二十五%面積的土地進行再開發，計畫興建四千七百戶住宅（含合宜住宅）、商業及辦公空間，以及市長本人最重視的競選支票：一間巨大的公共圖書館。

政見開出後，德國媒體立即質疑：為何柏林十年來第一次說要蓋合宜住宅，時機就剛好選在騰普霍夫變成市民公園之後？計畫中的新建住宅大樓係採混居，設於低樓層的合宜住宅，是否只是為了搶下道德制高點，以掩護位於高樓層、享有公園景觀的昂貴住宅？

有些民眾認為，柏林市區空屋多，近郊也還有空地，應優先利用；有些民眾則主張，雖然市府聲稱只會開發外圍的一點點土地，但他們擔心市府與開發商得寸進尺，最終會把整個騰普霍夫通通蓋滿房子；有些民眾的反對理由更是簡單：我們就是喜歡現在的公園！

最終，柏林市長雖然成功連任，但民間也發起「騰普霍夫公園百分百」（100% Tempelhofer Feld）運動，誓言對抗市府的開發計畫，並在蒐集足夠數量的市民連署後，再一次讓全體市民針對騰普霍夫的未來進行了公投，時間在二〇一四年五月，是上次公投的六年後。這次的公投受到市民較踴躍參與，投票率近五十%，結果有六十四．三%票數贊成維持現狀，超過有效門檻，市府提案遭到市民否決。

市府雖承認失敗，但也強調住宅問題仍需面對，合宜住宅是最好的解決方法，且應優先設在市區內，如此可減少民眾的總通勤里程數，也能減緩「都市蔓延」（urban sprawl）及其所帶來的種種弊病；

至於合宜住宅與一般住宅混居的做法，德國其他城市（如慕尼黑及漢堡），也都採取類似規劃。

不過，公投才剛落幕，柏林市政府也只得放過騰普霍夫，而往別的土地動腦筋了。市府目前對騰普霍夫採取的較積極再發展計畫，係將原機場航廈這棟既存的歷史建築變身為「創意基地」，目標為引入流行音樂產業及新創企業。

市民休閒要空間 住宅開發需理由

從騰普霍夫機場一例，我們可以看到柏林市民針對重大議題主動發起公投，深具「直接民主」的精神。

比較前後兩次公投的投票率，可觀察到：機場存廢的技術性問題，並不為多數市民所關心，但當機場變成市民公園後，若要再行開發，已嚐到甜頭的市民便會積極抵抗，以捍衛得來不易的休閒空間。

市府站在擬訂政策的制高點，當然會比市民看得更廣、更遠，然而，「為未來移入柏林的新市民提供更負擔得起的住宅」，這樣的理由顯然不足以說服現有市民接受改變。

此外，新住宅開發本就是敏感的議題，合宜住宅之外的一般住宅，是否會成為無助於解決房價問題的豪宅？也易落為一般大眾的話柄。

回頭來看臺北。

都發局所提的松機地區再生計畫中，「大尺度河岸生態開放空間」應是最無爭議、最符合基隆河南岸現有狀態的土地使用方式；至於「產業發展儲備用地」、「商業與住宅區域規劃」呢？市府應有必要進一步向市民解釋箇中原因。

畢竟，沿基隆河北岸，橫跨北投、士林、內湖與南港等地區，早已有發展中的「臺北科技走廊」，為何還需要在城市核心區的東北隅，設置一塊偌大的產業用地？而怎麼樣的產業才是其發展的目標？臺北市政府產業發展局局長林崇傑曾主張「北臺產業帶」的整體發展，「臺北矽谷的真正形成，必須貫穿北北基桃到竹北」。

所以，實在沒有必要在產業發達的臺北市錦上添花了。

臺北的人口密度遠高於柏林，將松機用地撥一部分做住商開發，或許合情合理。然而，住商開發的正當化，能不能讓市民感受到更切身相關的理由？

建築老舊擁擠、缺乏公園綠地的臺北市中心需要都市更新，廢除後的松山機場，或許適宜作為都更的遷建住宅用地。如此一來，部分人口被移往市區東北隅，更接近臺北科技走廊，民眾的總通勤里程數因而能夠減少，市中心也可藉此機會多設置開放空間。

臺北人也像柏林人一樣值得擁有更大的開放空間，住宅開發的必要性則大於產業用地的需求。

如此，我們可以想像，松山機場用地，應簡單分為南北兩半即可：

以往東拉直的民族東路為界，南半部作為既有市

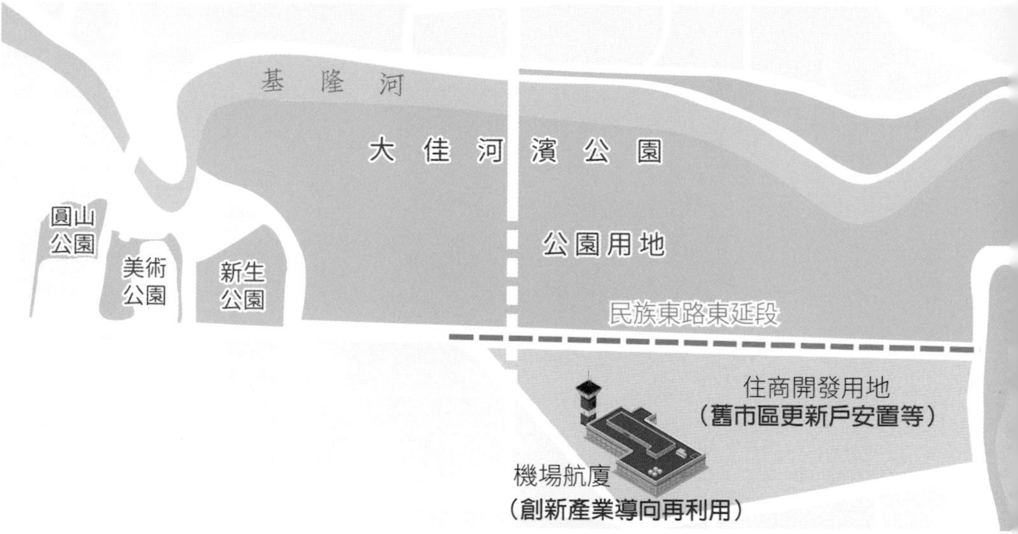

松山機場用地未來再發展構想圖。

區的北擴，進行住商開發與舊市區更新戶安置等規劃，原機場航廈則可進行以創新產業為導向的再利用。

北半部則應與花博園區（圓山公園、美術公園、新生公園及大佳河濱公園）一併規劃，形成位於基隆河南岸、巨大的「中央公園」，為臺北人打造真正的休閒天堂。

關稅同盟礦區現況。

休

打造休閒環境

策略3

工業遺址的再利用

臺鐵臺北機廠，該如何再發展？——德國魯爾區廢棄礦廠的再發展經驗

臺北機廠成為國定古蹟，全區保留終於定案，未來的發展是設立鐵道博物館呈現臺灣工業史，抑或有更具創意的方案？德國魯爾區的工業遺址轉型經驗，係歷時十年的區域規劃，雖尊重原有歷史脈絡但又不受其侷限，終能發展出更多樣的再利用方式。

臺北機廠再開發案，由於地處市中心精華地段，因此曾被財務困窘的臺灣鐵路管理局視為重要的資產活化償債計畫。

臺鐵臺北機廠近況，所攝之員工澡堂為廠區內首個被列為古蹟的建築。

然而，原決議中，機廠廠區五十六%的面積都被分割予商場、豪宅使用，分配問題因而歷經爭議。直到二〇一五年三月，文化部決議將臺北機廠指定為國定古蹟，並指示「全區保留」，自此，北廠的未來才徹底推翻前案安排。

許多鐵道迷希望「北廠」能變成一座國家級的「鐵道博物館」。文化部也初步擬定朝此方向規劃，以鐵路建設帶動工業發展為概念主軸，呈現臺灣從清治末期開始的工業化歷史。

同一時間，臺北市副市長林欽榮則提出「臺北機廠特定專用區」的想法，他主張「以完整鐵道舊地景保存並承載新使用活動與產業導入，創造具國際級之新文化地標園區」，新的規劃過程也需要擴大各界參與及意見諮詢，以「尋求更具創意及更具完整保存的再發展方案」。

林欽榮是否話中有話？他是否暗示，目前還沒看到真正有創意的北廠未來想像？

橫跨臺北的鐵道沿線產業軸

東起南港瓶蓋工廠、西至萬華糖廍文化園區，這個臺北「鐵道沿線產業遺產群」的概念，由臺灣歷史資源經理學會於二〇一一年首度提出。從這個視角看去，北廠的定位就不只是一座火車維修機廠那麼簡單了，而是一條龐大工業暨運輸軸帶上的重要亮點。

「臺北鐵道工場」於一九三五年落成時，即被稱為「東洋最大的鐵路工場遷建計畫」；今日視之，北廠建築的大跨距鋼構與大面積開窗仍十分壯觀，堪稱日治臺灣工業建築典範之作。

占地十七公頃的北廠，座落在總面積兩千四百五十七平方公里、人口如今發展超過七百萬的大臺北都會區中。而德國有名的工業心臟，總面積四千四百三十五平方公里、人口八百五十七萬的魯爾（Ruhr）都會區中，也有一塊占地二十公頃的「關稅同盟礦區」（Zeche Zollverein），其礦業雖於一九八六年停產，但歷經一番巧手規劃後，如今卻成為整個魯爾區結構轉型的重要指標。

就宏觀條件來看，魯爾區跟臺北可以類比；但關稅同盟礦區從停產至今近三十年的再發展歷程，又有什麼特殊之處，值得北廠借鏡？

廢棄礦區重生　耀眼世界遺產

關稅同盟礦區被聯合國教科文組織（UNESCO）指定為世界遺產，理由包括：

魯爾區的工業地帶轉型後景致怡人。

一、保留了一個歷史礦區的完整基礎建設。

二、見證了一個重要產業一百五十年的興衰史。

三、體現了二十世紀現代主義運動的建築成就，尤其是包浩斯式（Bauhaus）的建築語彙。

該礦區初成立於一八四七年，而在一九三二年（恰好與臺北機廠落成時間相去不遠）由建築師改造而贏得「世界最美礦區」之譽，亦成了魯爾區其他工業建築的範本。礦區內的核心建築「十二號豎井」，初建時即為世界最大煤礦開採設施。然而，新能源與新科技的出現，漸使此處的生產成本不敵競爭，終致一九八六年礦坑全面停產。

德國官方早有決心保存這一工業遺址，故趕在礦坑全面停產的一星期前就下令保存十二號豎井，

關稅同盟礦區內的核心建築十二號豎井，初建時即為世界最大煤礦開採設施。

所在地的北萊茵西伐利亞（Nordrhein-Westfalen）邦政府，迅速從煤礦公司手中買下整座礦區，除將十二號豎井指定為古蹟外，更規劃全區轉型為國際級的文化中心，於一九九〇年開始翻修。

邦政府與所在地的埃森（Essen）市政府，為保存礦區更聯手成立了專門機構，此機構之後也轉型為基金會，繼續礦區的管理、維護、導覽、活動資訊整合及宣傳。

礦區的兩處豎井，以及關閉後差點被拆毀轉賣、後以舉辦展覽方式保存下來的煉焦廠，在二〇〇一年終於列名為聯合國世界遺產。礦區的文化價值得到國際肯定，也讓當局更有把握繼續舊工業區再發展的轉型進程。

以轉型代替拆毀　區域規劃的全盤思維

但，德國政府可不是打從一開始就這麼留心工業遺址保存的。魯爾區的產業早在一九七〇年代就開始沒落，當時政府原本打算拆毀閒置的工廠，但民間發起了保護魯爾的抗議行動，也影響了民意代表，跟進反對政府決策，最後才促成立法，讓魯爾區的工業遺址順利轉型為文化遺址。

對於魯爾區的轉型，德國政府採用「區域規劃」的全盤思維，以建築展的形式，宣示再發展的大方向。

從一九九〇年到一九九九年，魯爾區舉辦了為期十年的「恩舍公園國際建築博覽會」（International Building Exhibition Emscher Park，簡稱 IBA），樹立了「舊工業區土地僅能有一半再開發、另一半則需用作環境及景觀改善」的原則，在全境執行了約一百二十個計畫，居民也積極參與，以生態及景觀的手法，達成工業區的公園化，導入文化活動，更進一步成立觀光旅遊公司以負責文化行銷、扭轉外界對魯爾區的印象。這才是關稅同盟礦區得以保存且轉型的大時代背景。

尊重原脈絡　增添新利用

現在，位於多特蒙德（Dortmund）及杜伊斯堡（Duisburg）兩個城市之間，蜿蜒數百公里的休閒路徑，將許許多多各自獨立的公園、遺址及地標串連在一起，這占地約四百五十平方公里、廣大而狹長的地域，被稱為恩舍地景公園（Emscher Landscape Park），即為上述建築展的產物，號稱歐洲發展最完善的區域型公園，在魯爾區扮演著中央公園的角色，成為德國民眾週末休閒的好去處。

其中，北杜伊斯堡景觀公園是最富於巧思的遺址新利用案例。其將昔日鐵工廠中的構築物都予以保留，部分則被賦予新功能，例如：煤倉中設有自由攀登區、灌滿水的貯氣槽變成了潛水訓練中心等；當然，遊客的安全絕對確保無虞。

同樣處於上述建築展的關稅同盟礦區，除尊重礦區原有脈絡、將礦業核心區域完整保留，並規劃「礦區紀念導覽路徑」之外，亦採取多樣化的空間策劃，並且將城市及區域特色均納入考量。

礦區在整修期內即開放廠房給視覺及表演藝術家進駐，因此部分空間的再發展可說是「有機」的，例如：礦區的大澡堂受到舞蹈家們的喜愛而進駐，更衣室變成排練間，浴池變成舞臺，廣受大眾矚目，後來這裡索性就創立了著名的 PACT 舞蹈中心。

選洗煤場則成了魯爾博物館（Ruhr Museum），該館並未移除原本的工業機具，而館內的燈光氛圍更能讓遊客想起所在地曾是煤礦廠，但這並不是一間礦業或工業博物館，而是區域博物館，是「魯爾都會區的記憶收藏與展示櫥窗」，它以六千多件的常設展品，呈現魯爾區的自然與文化史，欲表現出屬於魯爾區的認同，但並不懷舊，而是批判地省視當地的過往。

埃森市有以工業設計著稱的福克旺藝術大學（Folkwang Universität der Künste），該校有旗下單位進駐礦區，加上邦層級的北萊茵西伐利亞設計中心亦遷進來了，內含紅點設計博物館，相鄰的空間則租給設計師當工作室，形成設計研發聚落。北萊茵西伐利亞邦亦是德國當代藝術重鎮，礦區的煉焦廠因而發展成為當代視覺藝術展覽空間。

礦區內不但有若干裝置藝術、工作坊及感官體驗設施，甚至還設了摩天輪、游泳池、溜冰場及自行車租賃處，亦開了好幾家各具風格的餐廳、咖啡館及商店。現在，每年有超過一百萬人次來自世界各地的遊客造訪關稅同盟礦區。

鐵道沿線大綠帶　北廠都市生活區

魯爾及關稅同盟礦區的經驗，給臺北及北廠的重要啟示，至少包括了：

一、工業區的轉型再利用，若採用區域性的全盤思考，可創造出更大尺度的城市空間以造福大眾。

二、明確的工業文化認同，可使工業遺址的再發展得到清楚的定位。因此，不妨發展出可讓人聯想舊脈絡、但更多元的利用方式，以求更加活化此一場址。

我們能不能想像，未來，臺北的鐵道沿線，能以現在的「華山大草原」，以及綠化後的市民大道六段為範本，整體發展為一條兼具生態、景觀、防災與休閒功能的東西向巨大綠帶，將其上各個工業遺址文化中心串連起來？

至於北廠的再發展，臺北市都發局長林洲民也主張，北廠一帶呈現的是「工業重鎮區」的氛圍，應重新規劃成為「都市生活區」。

關稅同盟礦區乃至於整個魯爾區的轉型歷程，能尊重原有脈絡，但又不受其侷限，應值得臺北善加借鏡。

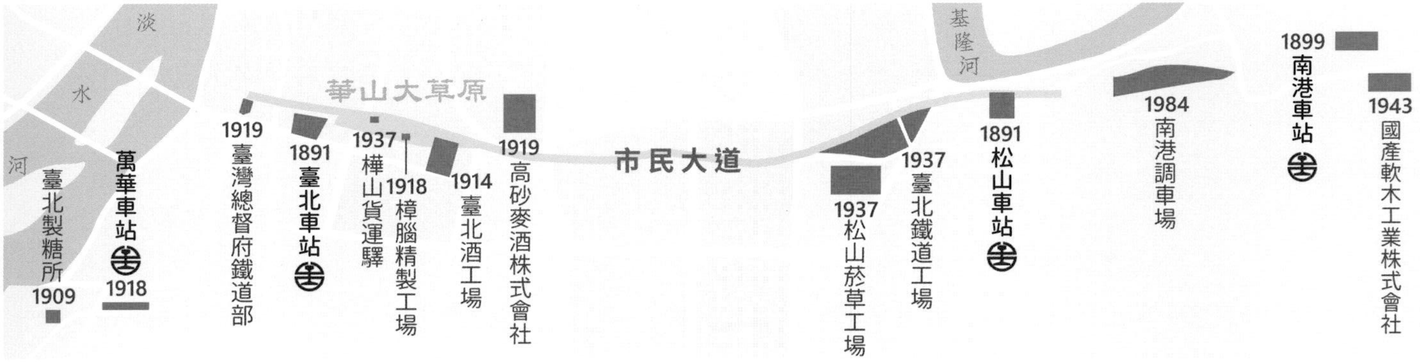

臺北鐵道沿線產業遺產群及臺北鐵道綠帶想像圖。

4

厚植市民認同

■ 文化觀光精煉 ■

■ 治理模式創新 ■

觀 文化觀光精煉

策略 1

舊區與廟宇的夜間觀光經營

為創造新的夜間觀光資源，京都以傳統街燈為靈感，規劃「花燈路」季節散步路線。

臺灣夜間觀光，只有夜市可逛？——看京都如何發展夜間旅遊資源

國際觀光客來到臺灣，晚上除了夜市，還有沒有什麼地方值得一遊？日本的京都在發展夜間觀光資源、規劃街區散步路線、經營傳統宗教場所等方面應能給我們頗多啟發。

根據臺北市政府觀光傳播局對於臺北旅遊景點的調查統計，以國際遊客人數而言，臺北一〇一、夜市、故宮一直穩坐前三名。觀傳局則計畫二〇一六年在亞洲重點城市，行銷艋舺、大稻埕等臺北舊區的文化觀光遊程。

臺北一〇一是建築奇觀，故宮藏有歷史文物，能吸引觀光客自不待言；然而，兩者終非臺北「本色」。

至於夜市的受歡迎，除了由於飲食是旅行重要的一部分、也能帶來本地生活體驗之外，觀光客來臺北「晚上也要有地方去」亦是不能忽視的因素。但夜市人多擁擠、遊憩環境不佳，且其中最著名的士林夜市，又因食物重複性高、品質劣化，甚至傳出部分攤商未合法持照且哄抬水果價格之醜聞，而屢遭爭議。

我們應該思考：國際觀光客來到臺灣，晚上除了又吵又擠的夜市，以及各國並無二致的酒吧與夜店，還有沒有什麼地方是值得一遊的？

如果觀傳局真心希望國際觀光客能發現臺北舊區之美，則街巷漫遊的環境與動線便需要大力整頓（主要幹道大致都有人行道與騎樓，至於巷弄則本就狹窄，又允許路邊停放車輛，再加上無數機車高速亂竄，這樣的步行環境仍極為惡劣）。

廟宇作為臺北舊區重要的傳統文化中心，也應是觀光發展的重點。臺北的廟宇大部分到了夜間仍有開放，倘若善加經營，亦有望成為國際觀光客除卻夜市以外的另一佳良去處。

在發展夜間觀光資源、規劃街區散步路線、經營傳統宗教場所等方面，日本的京都能給我們頗多啟發。

有著超過一千兩百年悠久歷史的京都，坐擁為數眾多的聯合國世界文化遺產，四季分明的自然美景，環抱著這座富有獨特個性與魅力的國際觀光城市——但她卻不以此自滿，反而能於二十一世紀來臨時，致力創作出獨屬京都夜晚的新風物詩。

臺北的廟宇夜間大多開放，有望成為夜市以外另一國際觀光景點。圖為大龍峒保安宮。

創造夜間新魅力　花燈路點亮冷清街巷

在京都，寺院與神社遍布各地，白天有許多觀光客四處遊走，但由於這些宗教場所多有開放時間的限制，夜幕降臨後，便只有市中心的繁華街道能保持活力，其他地方則少有遊人踏足，以寺社密集的東山地區而言，其小街小巷到了晚間便冷冷清清。

如何創造出新的觀光資源，以發揚京都的夜間魅力？富有日本風情的傳統街燈「露地行燈」自然成為靈感的來源。京都府、市兩政府，以及京都的工商、佛教、觀光、會展界，組成「京都花燈路推進協議會」，首先選定東山地區，與當地各種地方團體、寺院、神社、商店街組織及行政機關合設「京都東山花燈路實行委員會」，於二〇〇三年三月中旬首度舉辦「京都東山花燈路」

京都東山花燈路。

活動，打造「讓人不知不覺想走上一走的路」，向遊人宣告早春的到來。

京都東山花燈路，係於總長約四．六公里的路網上，布置以清水燒、北山杉、京銘竹、石工、金屬等京都傳統工藝製作而成的ＬＥＤ街燈約兩千五百盞，每晚點燈三個半小時，燈期十天，沿途除了街燈的布設外，也在京都花道協會的參與下陳列大型花道作品，圓山公園內的小溪流亦擺放約一千盞的青竹燈籠以醞釀幽幻氣氛。此外，當地小學也會組織學童，成群結隊於花燈路上行進演唱傳統的消防歌謠，藝妓則在花燈路經過的八坂神社進行公開演出。花燈路周邊的寺院與神社，更配合舉辦夜間特別參拜時段，於建築及花木上打光，吸引遊人造訪。

體驗坐禪和茶道　紙傘與燈光藝術豐富夜晚

東山花燈路周邊寺社，夜間特別參拜時段最為著名的首推高臺寺。日本戰國時代權傾天下的豐臣秀吉辭世後，其夫人北政所出家為尼，為祈禱夫君冥福並安養修佛，於一六〇六年開創此寺。營造之際，掌握日本國政的德川家康為籠絡人心、穩定政局，曾給予大量的財政援助，故寺觀壯麗，其庭園為園藝巨匠小堀遠州作品，受日本政府指定為國家史跡名勝。

今天的高臺寺則採取靈活的多角化經營，除開設一間小型美術館「掌美術館」展覽寺內眾多寶物外，每月另設定不同主題、舉辦預約收費制的特別茶會，亦針對國際觀光客規劃了坐禪與茶道等兩項傳統日本文化之團體付費體驗活動。對於落單又未事前預約的遊人，寺內亦有茶室「雲居

京都的高臺寺運用傳統紙傘與燈光藝術，打造遠近馳名的夜間特別參拜時段。

庵」，提供價格較低廉的抹茶與甜點套餐。

春（三月中旬至五月中旬）、夏（八月上、中旬）、秋（十月下旬至十二月上旬）三季，高臺寺皆有夜間特別參拜時段，自日落起至晚間九時半為止，其燈光夜景讓人彷彿置身於夢幻世界，遠近馳名。筆者於二〇一四年深秋造訪此寺，除晚楓美景令人讚嘆外，亦見寺方亦以不同顏色的日本傳統紙傘置於庭園各處，再打上活動燈光，使之與枯山水、竹林相映成趣。

東山經驗移植嵐山　早春初冬各有可觀

參照東山地區的經驗，京都花燈路推進協議會又選定同為觀光名勝地的嵯峨、嵐山地區，與當地各界成立「京都嵐山花燈路實行委員會」，於二〇〇五年十二月中旬舉行「京都嵐山花燈路」活動，以表現初冬的季節感。嵐山花燈路長約五公里的路網上，亦布有約兩千五百盞ＬＥＤ街燈，燈期與點燈時間長度皆與東山無異，沿途亦有花道作品陳設，周邊寺社亦配合舉辦夜間特別參拜時段。此地最負盛名的渡月橋與竹林小徑兩景點，則都有夜間打光的安排，以營造特殊氛圍。

如今，京都的東山、嵐山花燈路，定期於每年三月中旬與十二月中旬舉辦，每次皆能成功吸引一百萬人次以上的遊客參與。值得一提的是，二〇一一年東山花燈路活動開始前一天，恰巧發生東日本大震災，該年的東山花燈路決定在開辦三天後特別更名為「京都東山祈願燈」並向遊客募捐，此舉成功吸引六十三萬人次參與，共募得五百一十四萬日圓的賑災捐款。

京都嵐山花燈路。

廟宇體驗觀光　與外國遊客分享傳統文化之美

京都是歷史悠久的千年古城，更是春季賞櫻、秋季賞楓的好去處，但從「京都花燈路」的活動規劃，以及周邊寺社配合舉辦的夜間特別參拜時段，我們可以看到，京都並不完全倚賴固有的人文與自然稟賦，而是仍舊竭力創發新的旅遊資源，維繫從白天到黑夜的觀光魅力。

這座國際觀光城市裡的宗教界，既不自命清高、拒絕創新，亦未從眾媚俗、賣弄討好，而是以一貫寧靜優雅的姿態，與遠道而來的訪客分享日本傳統文化之美。

臺北乃至於臺南的各大廟宇，面對外國遊客魚貫而入、瞻仰神像或燒香參拜之餘，何不以臺灣傳統文化為根基，設計具有特色的觀光體驗活動？

京都清水寺名列世界文化遺產，開放夜間特別參拜，打出雷射燈光秀，吸引遊客到此夜遊。

例如：臺灣以茶聞名，則廟宇可常設茶席，或舉辦較慎重之特別茶會並搭配臺灣傳統音樂（如南管）的演奏。若在夜間，更可在廟內大量布置體現傳統工藝的燈籠，並佐以現代燈光藝術，一饗遠方來客之嗅覺、味覺、聽覺與視覺。

上述體驗活動皆應收費，以創造工作機會（茶師、樂師、外語解說員等），也維持服務品質。

這些廟宇附近的街區，在一定的距離內，更宜整頓步行空間，並設置街燈等相應的標示，以助訪客隨著接近目的地而漸次轉換心情。

如此，我們在臺灣城市裡，就能為國際觀光客創造出有別於市井喧鬧的較高層次旅遊經驗。

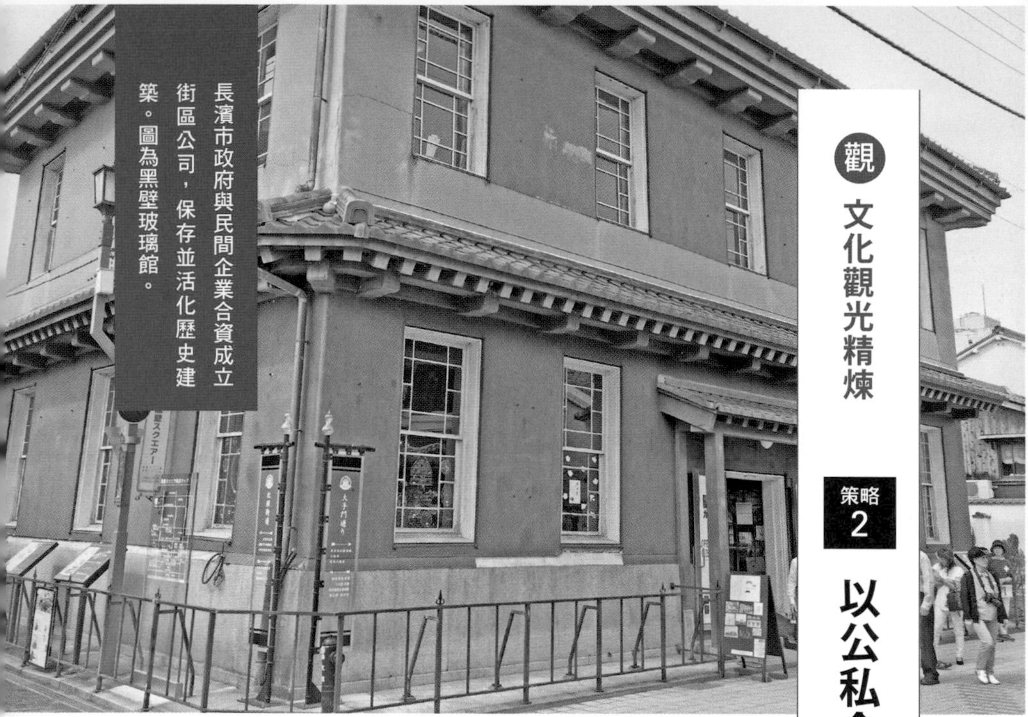

長濱市政府與民間企業合資成立街區公司，保存並活化歷史建築。圖為黑壁玻璃館。

觀 文化觀光精煉

策略2

以公私合夥法人經營創意街區

如何打造創意街區？——借鏡日本長濱的黑壁公司

臺北若要善用世界設計之都名義，改進設計產業環境及都市生活品質，需要有兼顧文化與商業的街區經營機制。日本滋賀縣長濱市，政府與民間企業合資成立街區公司，為小城注入新活力，成為地方再生典範。

臺北是二〇一六年的「世界設計之都」（World Design Capital），但到底什麼是世界設計之都？

根據主辦單位「國際工業設計社團協會」（International

首爾曾獲選為世界設計之都。

Council of Societies of Industrial Design，簡稱 Icsid）的定義，世界設計之都是一種城市宣傳計畫，每兩年徵選一個運用「設計」促成社會、文化與經濟進步的城市，頒予此效期為一年的頭銜，以表彰其成就。

然而，世界設計之都尚未開辦，臺北市政府就已飽受批評。由於 Icsid 的組織使命是「保護並推廣工業設計產業」，因此，每個獲選世界設計之都的城市，都需與 Icsid 合作，舉辦一系列與設計有關的國際性活動，但市府在這方面斥資過鉅（超過新臺幣十億元），引發爭議。

民間真正期待的，即以世界設計之都名義，針對設計產業環境、都市景觀及生活品質的改善作為呢？二〇一三年起推動的十六項相關軟、硬體計畫，有多項因規劃不善，在市府團隊輪替後即停擺，整體而言成果有限，民眾也無感。

南非開普敦在獲選世界設計之都期間於市內舉辦多種藝術活動。

從歷屆世界設計之都的經驗看街區經營

那麼往年的歷屆獲選城市又如何？韓國的首爾（Seoul），藉由推動超過一百項的城市工程，包括三十多條街道的公共藝術化，以及打造駱山公共藝術區、安養藝術公園、大學路表演藝術聚落等地，大幅提升市民生活品質與設計意識。

芬蘭的赫爾辛基（Helsinki），有二十五個街區內的設計商店、畫廊、工作坊、博物館、餐館、酒店和設計機構等兩百個地點，均曾參與世界設計之都相關活動，成功觸及了全市三分之二的居民，市政府更提出為期兩年的延伸計畫，將設計與公共政策更緊密結合。

南非的開普敦（Cape Town），則一方面發展大規模的交通基礎建設，另一方面在市內各地舉辦藝術

街區經營不應只有微型改造，而應透過文化手段來達成地方的轉型與再生。

街區、街區餐車嘉年華、設計街區博物館、街區交響樂、開放式街區、街區教會治療等活動，此外，亦將設計思考（design thinking）流程納入了都市規劃程序，促進民眾與政府之間的對話。

相較之下，臺北提出了創意街區發展計畫，卻只是請來八個設計團隊，在八個街區分別與獲選的若干店家互動，完成四十四面小型招牌的美化。

放在歷屆世界設計之都的脈絡裡面來看，臺北提出以「街區」尺度進行城市改造的努力，是符合慣例的，但街區的經營絕不應只限於招牌美化、變電箱彩繪等微型改造，而應實踐「文化領導的都市再生」（culture-led regeneration）概念，即透過文化手段來達成一地的整體轉型與再生。

街區的經營，若能兼顧「文化」（包括凝聚社區認同、保存文化資產等）與「商業」（包括創造觀光效益、活化文化資產等），就可說是落實了文化領導的都市再生，在過程當中，則需要政府的介入，以取得文化資產，並整備街區空間。

換句話說，街區的發展，需要的是一個獲得政策支持的街區經營機制。在日本的滋賀縣，政府與民間企業合資成立街區公司，為小城市長濱注入了新活力，成為地方再生的典範。

政府與民間合資成立公司　活化歷史建築

長濱市位於京都東北方的滋賀縣、日本最大湖泊琵琶湖之北，人口僅六萬多人。一五七三年，織田信長任命豐臣秀吉為此城城主，秀吉擴建此城，形成區域貿易中心。出身於此的名人，包括豐臣政權重臣石田三成，以及庭園建築巨匠小堀遠州。長濱於整個江戶時代皆繁榮不墜，歷經明治維新亦然，卻在步入現代後逐漸失去經濟活力，城市亦缺乏觀光特色，市中心的若干歷史建築甚至瀕臨拍賣或拆除的處境。

建於明治時期，因建物顏色而被長濱市民暱稱為「黑壁銀行」的兩層樓洋風建築「國立第百三十銀行長濱支店」，於昭和年間轉作天主教教會使用。一九八七年，教會因搬遷而欲將原址賣卻，致使地方上的有志之士決定立即採取行動，次年，由長濱市政府與八個民間企業共同出資的第三部門團體——「黑壁公司」（株式会社黑壁）成立了，目的即為保存並活化這棟建築。

黑壁公司派員進行國內外考察，在歐洲發現「有玻璃產業的地方就有人潮」，遂決定將玻璃產業引進長濱。一九八九年，名為「黑壁廣場」（黑壁

黑壁公司陸續買下多棟歷史建築並進行活化，甚至曾提出造街計畫。

スクエア）、含有三棟建築的建築群正式啟用：從銀行、教會變身而成的一號館「黑壁玻璃館」（黑壁ガラス館），及鄰近作為玻璃工房的二號館、作為餐廳的三號館。

此後，黑壁公司也陸續買下周圍的歷史建築並進行活化，以擴大黑壁廣場的範圍，甚至曾提出造街計畫，總計建立了三十個直營據點，以美術品、民藝品、陶藝、音樂盒、玩具等商店，及餐廳、茶屋、咖啡店、藝術展覽空間等不同方式經營。黑壁廣場也針對多種手工藝開設了體驗教室。

為使長濱市街更加繁榮，黑壁公司也資助其他八十餘間從事民俗產業或支援性產業的商家。此外，黑壁公司還致力於社區營造，包括民俗祭典活動的舉辦、美食及文化報導的出版、地方產業的研究及推廣等，意在逐步鞏固地方認同，使強大的社區意識與商業發展能夠產生相互加乘的效果。

今天的黑壁廣場，作為日本最大的玻璃藝術展示地而聞名，每年吸引約兩百萬觀光客，也成了琵琶湖之北的最大觀光景點，日本全國以地方再造為志業者，更紛紛前來長濱考察。

老屋新生　街區經營法人可從大稻埕開始

公私合夥的街區公司「黑壁公司」在長濱的經營，同時成功引發了本地人的參與及外地人的造訪。

對於歷史建築，黑壁公司在盡到保存與維護責任的基礎上，沒有包袱地發揮了想像力，引進與當地脈絡素不相干的玻璃產業作為核心使用方式，再納入其他文化創意產業（至於餐廳與咖啡店則只是附屬而已），而且不只是展售，還有體驗活動等教育推廣，以吸引更多遊客。

在本業以外，黑壁公司重視在地民俗與社區營造，與整個長濱的居民共存共榮。

臺北最有條件採用這種經營模式的地區，莫過於大稻埕了——臺北市都市更新處基於「都市針灸」、由點而面推動都市再生的理念，而設置的都市再生前進基地（Urban Regeneration Stations，簡稱URS），係對歷史建築進行修復並引入新的使用方式，目前有十處，其中半數都在大稻埕，可見大稻埕本就是政策亟欲介入之地。

而近年來，文化創意產業業者進駐大稻埕的趨勢也越加明顯，例如：世代文化創業群所經營的小藝埕、民藝埕等文化街屋。

民藝埕所經營的茶坊，
打造濃濃懷舊風。

倘若官、民兩股力量能在大稻埕合流，組成類似黑壁公司那樣的法人，當能為特色街區的經營與發展打開新的局面，這模式一旦奏效，亦能複製至臺灣各地。

東京地鐵車站命名尊重地方歷史，展現城市文化底蘊。

觀 文化觀光精煉

策略3

捷運站名更改

臺北的捷運，站名有問題？——從東亞各大城市看臺北捷運站名

地名是城市的文化資產，東亞各大都會的地鐵站名尊重地方歷史，展現城市文化底蘊。臺北捷運有許多站名不符其自訂的命名原則。機場捷運即將通車，北捷路線圖要改動，正適合拋出更多的捷運站更名提案。

臺北捷運站的命名有什麼問題？二〇一五年九月，臺北市中正區梅花里的三千四百名里民有超過半數參與連署、並由里長出面向市政府提案，要求將該地的捷運「善導寺」站改成「華山」站。

地鐵站名要能凝聚地方認同，也要能協助地方辨識。

里民認為，設有納骨塔的善導寺，作為捷運站名予人觀感不佳，且近百年來當地的地名就是樺山／華山，從舊火車站、傳統市場到文創園區都以之為名，如今反遭忽視，不合情理。

到底捷運站名該怎麼取？我們必須分別針對住在當地的人以及使用捷運的人，來思考捷運站名應該發揮的功能。

對於當地居民，站名要能凝聚「地方認同」，雖不見得一定要讓居民產生光榮感，但至少也要有足夠的代表性，並獲得居民認可——畢竟捷運站是一地的主要門面。

對於一般乘客，站名則要有助於「地方辨識」，宜取自「捷運存在前即廣為全市所知」的地名、路名或場所名，且應避免與其他站名產生混淆。

臺北許多捷運站仍以不具有全市知名度的街道或場所命名。

然而臺北捷運的站名，是否符合以上提出的兩大原則？

文化相近　東亞各主要城市足供參考

讓我們先做國際比較，以求更客觀地檢視臺北。

全世界第一個地鐵系統是一八六三年開始運行的倫敦地鐵，亞洲則在一九二七年由東京首開先河；臺北捷運於一九九六年開通，在全球地鐵家族中屬於後進，即以東亞地區而言，也只不過是第十八個有地鐵的城市。

根據英國「全球化及世界城市研究網絡」（GaWC）所做的「世界級城市」（World Cities）排名，東亞有六個城市被列為最高的Alpha級，分別為香港、上海、東京、北京、首爾與臺北。在這些東亞主

東亞各大城市與臺北的地鐵／捷運站命名慣例比較表。

	香港	東京	上海	北京	首爾	臺北
地名	○	○	○	○	○	○
大學	○	○	○	○	○	○
宗教場所	○	○	○	○	○	○
機場	○	○	○	○	○	○
車站	○	○	○	○	○	○
道路	○		○	○	○	○
公園		○	○	○	○	○
體育場		○	○	○	○	○
產業園區			○	○	○	○
政府機關		○			○	○
展覽館	○	○				○
動物園			○	○		○
市場		○			○	○
娛樂場所	○		○	○		
博物館			○	○		
圖書館			○	○		
醫院			○			○
政治紀念建築						○
中小學						○
大樓						○
交叉路口						○

首爾地鐵弘大入口站，以弘益大學為站名由來。

要城市中，臺北是最晚擁有地鐵的城市。

由於東亞各國同屬漢字文化圈、儒家文化圈，東亞各主要城市已行之有年的地鐵站命名慣例，應該值得臺北參考。

舊地名是城市文化資產　臺北需更積極保存

展開東亞各大都會的地鐵路線圖，車站的命名尊重地方歷史，城市的文化底蘊躍然紙上。

地名是最主要的地鐵站名來源，除非是相當重要的場所名稱，才有辦法取代地名成為地鐵站名。香港、上海、東京、北京、首爾與臺北等東亞六大城市的地鐵站名來源中，最高度共通的為地名、大學、宗教場所、機場與車站，其次則為道路、公園與體育場。

臺北以善導寺作為捷運站名是否合適，值得思考。

需要注意的是，能成為地鐵站名的宗教場所只有兩類：一類是已成附近地名的寺廟名，例如：香港的黃大仙、東京的高圓寺；另一類則是具有全市性或甚至國際性知名度的廟宇，例如：香港的車公廟、上海的靜安寺、北京的雍和宮，以及東京的明治神宮、護國寺與泉岳寺。

那麼臺北呢？臺北的捷運站名來源中，有五種在東亞各大城市中可說是獨樹一幟：醫院（僅上海有一相同例子）、政治紀念建築、中小學、大樓、交叉路口。這些場所，是否全都具備足夠的知名度，能取代當地地名成為地鐵站名？

地名是一座城市的無形文化資產，乘載著社會的集體記憶。但如今的臺北，人們只注意捍衛古蹟建築，對於城市自身豐富的歷史地名，保存的努力相對不足，越來越多的歷史地名因此為人淡忘。

臺北縣政府已遷離的府中站仍無緣改名為林家花園站。

在日本臺灣總督府、中華民國政府接連由外而來統治臺灣之前，臺北的地名有許多是原住民語言的臺語音譯（如艋舺、大龍峒、加蚋子、興雅），以及充分反映地形景觀特徵（如崁頂、三板橋、中崙、朱厝崙）、或富有農業移墾社會色彩（如上埤頭、三張犁、五分埔、大稻埕）的地名。這些地名就是臺北的本色所在。

一座座熙來攘往、每月數十萬人次進出的捷運站，其命名若能尊重地方歷史，豈不是最理想的地名保存法？

辨識性不足的捷運站名應該更名

臺北捷運站的命名原則是什麼？根據臺北市政府訂定的法規，捷運站名應該要有「地方辨識性」、「地標顯著性」及「歷史意義」，字數不得超過六個字，也不應與既有之捷運站名類似或重複。

雍和宮為清雍正皇帝故居，北京地鐵於此設有車站，並以之為名。

捷運站若取了不當名稱，能不能更名？根據法規，雖以不更名為原則，但在必要情形下，即原站名地標或建物不存在、或辨識性不足，就可辦理更名。

這次的善導寺站改名風波，至少就符合了「辨識性不足」的理由；比起高能見度的華山文創園區，善導寺確實並非全市知名的場所。

翻開紀錄，臺北以往不乏民間申請捷運站更名的案例，但結果各自不同。

以「營運前的更名」而言，「大橋國小」站就成功改為具歷史意義的固有地名「大橋頭」站，但臺北縣政府（今新北市政府）已遷離的「府中」站仍無緣改為「林家花園」站，僅以加註副站名作結。

至於「營運後的更名」，已有呼聲要將容易造成混淆的「臺北橋」站改為「天臺」站。

因應機場捷運通車　北捷路網圖本就要改動

針對善導寺站更名一案，臺北市政府與臺北捷運公司表示，捷運站營運後的更名尚無前例，且依市府自訂法規，更名要由區公所召開會議決定，「若涉及費用之增加，由申請單位負擔」。

若決定更名，北捷全系統的路網圖及指示都得隨之改動，粗估費用約需一百萬元，市府因而建議改採加註，變更單一車站的標示即可，如此則只需十萬元，但此建議已遭梅花里里民反對，他們表示願意自籌一百萬元以達成更名。

官方的回應純屬嚇唬。為因應桃園機場捷運即將通車，北捷全系統的路網圖及指示本來就需改動，相關費用實為捷運公司分內之事，責無旁貸。

善導寺站更名所額外引發之費用，事實上就只有單一車站的十萬元，若真要梅花里自行負擔，亦至多如此而已。梅花里應善用此一有利情勢，堅定爭取更名。

除了善導寺站，臺北捷運還有哪些站名應該要改？未來，北捷每一條新路線的啟用，都是應該善加把握的時機，以展開更大規模的捷運站更名提案行動。

臺北捷運爭議站名一覽。

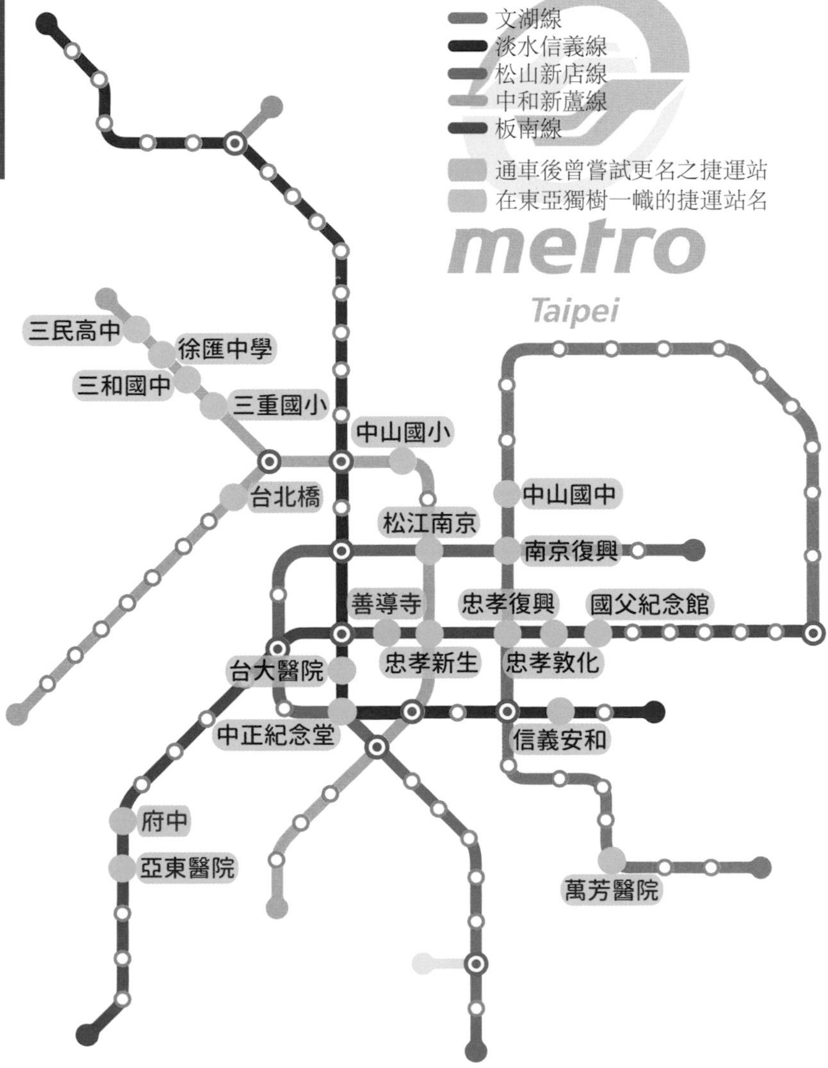
文湖線
淡水信義線
松山新店線
中和新蘆線
板南線
通車後曾嘗試更名之捷運站
在東亞獨樹一幟的捷運站名
metro
Taipei
三民高中
徐匯中學
三和國中
三重國小
中山國小
台北橋
松江南京
中山國中
南京復興
善導寺
忠孝復興
國父紀念館
台大醫院
忠孝新生
忠孝敦化
中正紀念堂
信義安和
府中
亞東醫院
萬芳醫院

治

治理模式創新

策略1

國會選址與抗議空間規劃

為反對入侵伊拉克，和平反戰人士曾在倫敦的國會廣場紮營抗議九年。

把中正紀念堂改成國會議事堂！——從倫敦看抗議空間規劃

凱達格蘭大道是臺灣抗議與集會遊行的同義詞，但其是否適合此用途卻值得質疑。國會才是臺灣政治運作的主要場域，太陽花學運後，立法院難免再發生抗議集會，國會應遷址並預留抗議空間。中正紀念堂作為新址，正符合各項要件。

不斷遭受外來政權統治的臺灣，社會上對於當權者各種壓迫的反抗也不曾停歇，但由於統治階級無法容許異議，反抗總是轉瞬即被撲滅，直到本地臺灣人逐漸登上統治機構權力頂峰後，這現象

在市區道路舉辦的集會遊行影響交通，且距離醫院太近也妨礙住院病患的安養。

才開始改變。

一九九〇年三月發生「野百合學運」，近六千名臺灣各地的大學生，於臺北的中正紀念堂廣場集會靜坐六天，提出政治改革的四大訴求，最後促成當時總統李登輝的配合，終結「萬年國會」的運作，加速臺灣的民主化。

野百合結束二十五年後，凱達格蘭大道比起中正紀念堂廣場，卻更像是今日臺灣抗議與集會遊行的同義詞。

位於總統府正前方的「凱道」，於一九九六年配合臺北市政府「空間解嚴」政策而更名，在此之前原本叫作「介壽路」，係為慶祝前中華民國總統蔣「介」石的「壽」辰而得名。這條「介壽路」在戒嚴時期是否容許抗議集會，可想而知；直到

國會廣場的抗議集會成了新觀光景點，英國民主得到另類宣傳。

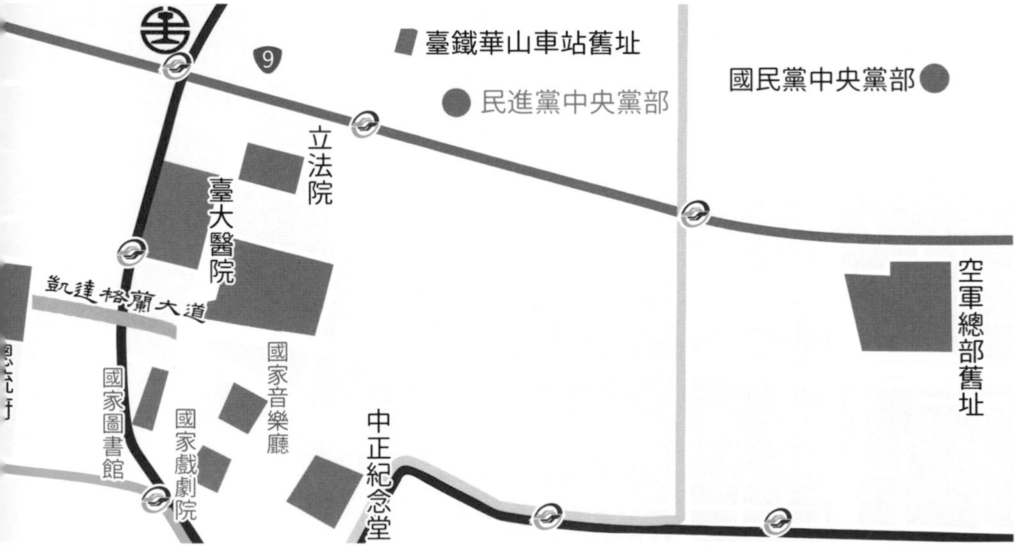

國會選址與抗議空間示意圖。

一九八八年，才有「五二〇事件」的雲林農民走上介壽路，凱道的抗議集會史由此展開。

然而，凱道是否真的適合作為集會遊行場所，卻是值得質疑與討論：一、凱道終究是一條市區道路，在這裡舉辦的集會遊行能見度雖高，卻很難不影響交通；二、凱道距離臺大醫院太近，外溢的人潮與噪音常妨礙住院病患的安養；三、若在總統府前抗議，即是欲對總統施加政治壓力，但臺灣政治運作的主要場域並非總統府，而是國會，以及各政黨的中央黨部。因此，凱道絕非集會遊行的首選地點。

國會是政治主戰場　應預留抗議空間

與世界多數民主國家一樣，臺灣的政治是兩黨政治，兩大政黨最直接的權力來源則是「國會席次」。

以臺灣的政治制度而言，若一黨攻占總統大位，卻未能握有國會多數，其執政仍將處處受限。相反地，若一黨與總統大位無緣，但在國會卻占有多數，即使在野也能坐享權力而地位不墜。

二〇一四年三月的「太陽花學運」，是中華民國治臺史上首起針對立法院議場的占領事件。事件持續了二十三天，議場內最多曾有三百名以上的占領者，場外最多（據警方估計）曾有約十一萬六千人到場聲援。

太陽花學運所造成的實質影響顯而易見，即讓國會議事停擺，使具爭議性的《海峽兩岸服務貿易協議》無法順利通過。

太陽花學運外溢的人潮與噪音，不只是造成交通衝擊，也苦了立法院附近居民。

然而，外溢的人潮與噪音，不只是造成交通衝擊，也苦了立法院附近居民，因立法院離一般民眾住宅僅幾步之遙。

事實上，立法院的現址，係沿用日治時期的「臺北州立臺北第二高等女學校」校地與校舍，該地區「幸町」於日治時期便已規劃成住宅區。所以立法院的現址，本來於規模上與環境上就都不適合作為國會。

近年陸續出現國會遷址的提案，曾考慮過的新址包括臺鐵華山車站舊址與空軍總部舊址，但均無從實現。

英國國會廣場曾遭長占　意外新增觀光景點

在民主社會，抗議是正常現象。太陽花學運一開

從各條件看，中正紀念堂是難得可作為立法院新址的地方。

先例，未來國會無論設在何處，周遭都免不了會有抗議集會，立法院留於現址就更加不是一件好事。

因此，國會妥善選址，並預留空間供抗議集會使用便很有必要了。在這方面，英國首都倫敦的國會大廈（Houses of Parliament）與國會廣場（Parliament Square）可資借鑑。

倫敦的國會大廈又名西敏宮（Palace of Westminster），是英國國會上下兩院的所在地，座落於泰晤士河西岸，與英國中央政府各部會相距不遠，原建物曾毀於火災，而在一八四〇至一八七〇年間重建而成，以其哥德復興式建築風格被聯合國列為世界文化遺產，最為世人所熟知的當屬其西北角的鐘樓，即大笨鐘（Big Ben）。

國會廣場於一八六八年闢於國會大廈西北角外，屬國會所管，後納入倫敦市政府轄下。依照設計師原本的構想，該廣場四面臨路，能發揮圓環般的功能，規範國會附近的車流使其更順暢。該廣場開闢至今百餘年間，陸續增添了十一位政治人物銅像，包括廣受愛戴的前首相邱吉爾（Winston Churchill）。

若有人要針對英國官方發動抗議行為，國會廣場的位置具有高度政治意涵，是絕佳的選擇——其東面為國會大廈，西面為最高法院，南面為與皇室關係密切的西敏寺（Westminster Abbey），北面為中央政府各部會所在地「白堂」（Whitehall）地區。英國政治權力中心在國會，該廣場的東側正因面對國會大廈主要入口之一，漸成民間人士抗議政府的集會地點，而隨著慕大笨鐘之名而來的遊客日增，抗議集會也成為另一個觀光景點，為英國的民主作了另類的宣傳。

為反對美、英兩國入侵伊拉克，自二〇〇一年六月起，和平反戰人士在國會廣場紮營，展開長期抗議。此舉確實讓國會相當頭痛，國會甚至為此利用職權動手修法，規定任何人士未得倫敦警察最高首長許可之前，不得在國會廣場進行抗議活動。但有趣的是，法院卻裁定紮營的反戰人士在修法之前即已在此活動，故不需申請許可，後來本案上訴成功，局勢逆轉，反戰人士才被迫配合。

到了二〇一〇年，這個長期抗議活動已擴大為多種左翼與反全球化訴求的結合，當時初訪倫敦的筆者也恰巧途經國會廣場，並與紮營者短暫交談；然而時任倫敦市長強森向法院訴請該廣場清場，也在同年七月勝訴，遂終結了長達九年的占領狀態。

國會公園構想圖。

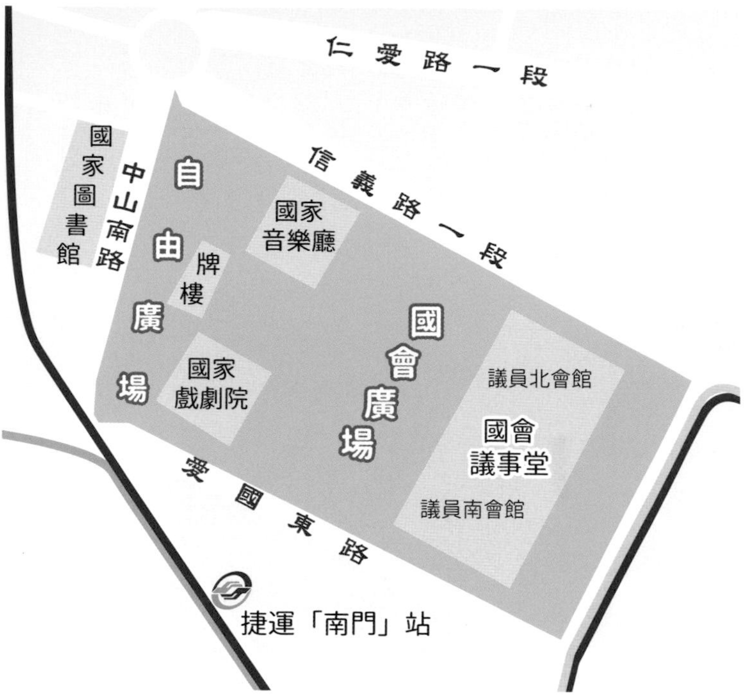

中正紀念堂改為國會議事堂　發展國會觀光

倫敦的國會廣場，剛好是馬路中央的一座孤島，又遠離一般民宅，就算被抗議人士長期占據也不影響交通及居民。英國政治實權握於下議院議員手中，抗議人士在此發聲，也是找對了正確對象施壓。況且，利用附近的大笨鐘、西敏寺所引來的國際觀光客，抗議還可提高能見度，加強政治施壓力道。

如果臺灣的立法院要遷址，臺北還有沒有任何地方，符合以下這些條件？

一、位置適中，可讓國會議員便於開會辦公。

二、面積夠大，可容納上萬民眾的抗議集會。

國會公園其左方、右方及前方各
有一座文化設施，象徵著國家對
休閒生活與藝術文化的重視。

三、與民宅、學校或醫院有一定距離。

四、目前功能弱化，可另覓他處替代。

五、最好有現成的地標性宏偉建築，不必再大興土木。

中正紀念堂，正是這樣難得的一塊地方！

中正紀念堂主建築可整建或重建為「國會議事堂」及國會相關機構所在，園區全區改稱為「國會公園」，主建築、自由廣場牌樓、國家戲劇院、國家音樂廳所圍合的廣場則稱為「國會廣場」，平時仍用作市民休憩空間，抗議時亦為理想的集會場所。原本的中正紀念堂管理處組織及所屬文物，則可併入桃園市大溪區慈湖的「兩蔣文化園區」。

國會的新址，若能選在目前的中正紀念堂用地，至少具備三大意義：

一、國會座落於大型公園內，其左方（國家戲劇院）、右方（國家音樂廳）及前方（國家圖書館）各有一座文化設施，象徵著國家對休閒生活與藝術文化的重視。

二、該地從日治時期便闢為軍營，後來成為政治領袖紀念建築，經歷過學生的靜坐，如今成為民選國會所在，代表著人民擺脫威權、自立自治的時代來臨。

三、該地本來即為觀光名勝，可運用此地展現臺灣公民社會力量，於國際社會營造出更正面的形象。

也許有人會問，萬一抗議集會干擾在國家圖書館「K書」的人怎麼辦？嚴格來說，國圖的使命，應該是收藏國內的所有出版物並供人查閱研究之用，那些並非研讀館藏物的訪客，應可另覓他處用功。

又或許有人會說，遷走中正紀念堂會造成國際觀光客的流失！這是在所難免，因為蔣介石文物、儀隊交接這兩大亮點不見了，但仍有人會來欣賞宏偉的建築，而且別忘了，我們還可以效法位於柏林的德國國會（Bundestag），發展「國會觀光」來重新吸引遊客。

「威權過往」與「民主未來」，臺灣人該如何在兩者間抉擇，又希望以哪一種姿態被國際看見，答案難道還不明顯嗎？就從國會遷址、取代現有的中正紀念堂開始。

治理模式創新

策略 2

凝聚各界共識的都市願景計畫

倫敦先做預測與分析，並提出證據支持，才擬訂城市發展策略。

臺北的二〇五〇願景是什麼？——從倫敦看策略式都市規劃

臺北要制訂二〇五〇願景計畫，但所謂「宜居城市」願景卻是模糊的，空有政策而未見議題分析。倫敦則針對城市發展先做廣泛的預測與分析，提出證據支持，最後才擬訂策略。臺北是否也需要成立城市智庫來整合資訊、研擬計畫？同時，說要納入民眾參與，就該提出明確的機制。

未來的臺北會變得怎樣？願景的故事又在哪裡？二〇一五年四月，臺北市政府都市發展局才發表「二〇五〇年臺北大改造」影片，呈現八個空間改造計畫，要讓臺北成為「宜居城市」；同年八月，市府又召開「臺北二〇五〇願景計畫委員會」第一次會議，邀集各領域專家提供專業建議。

市府強調，為了能有長遠、具延續性而不受政黨輪替影響的市政目標，臺北應全面思考空間結構，擬定未來發展願景，規劃藍圖也不該只侷限於臺北市，而是放眼北北基桃宜近一千萬人口的「首都圈」範圍。

願景計畫初步訂出了七大任務，即：各大區域再生、松山機場遷建、大信義計畫區、全球人居環境論壇議程倡議、重大文化設施、捷運長程路網，以及首都圈發展規劃。願景計畫的制定過程，將導入市民共同參與，預計二〇一六年底正式完成，每年滾動檢討。

長期以來，臺北欠缺策略式的都市規劃，現在的市府有勇氣挑起此一龐大、繁複且困難的責任，值得我們稱許。而市府致力讓願景計畫具延續性，以備未來政黨輪替後能繼續執行，也可謂具有前瞻視野。再者，以活潑的影片方式引起大眾注意，並稱將導入民眾參與，亦為臺北市長柯文哲之競選政見「開放政府、全民參與」的落實。然而，我們亦不難看出以下問題：

一、我們都知道現在的臺北不夠宜居，但怎樣才叫作「宜居」？所謂「宜居城市」願景是模糊的，這個圖像能不能再描繪得更清楚？以及，這是基於誰的共識而描繪出來的圖像？

二、臺北到底面臨哪些「問題」需要處理？除提及少子高齡化之外，環境、經濟等其他議題的分析都還沒看到，就出現了八大計畫、七

現在的臺北不夠宜居，但市政府提出的「宜居城市」願景卻很模糊。

大任務這些「解方」，這豈不是「先射箭後畫靶」？

三、臺北二〇五〇願景計畫委員會的成員，是如何評選的？這些委員的功能何在？能不能確保他們對臺北的策略式規劃有認真且深入的研究？至於導入民眾參與，將以什麼方式進行？企業的參與，更廣大的學界參與，以及影響所及「首都圈」內各縣市的參與，有無安排？又將如何進行？

四、盼望願景計畫能有政策延續性，是正確的；但該計畫有沒有法律效力？其法律層級又是如何？

城市的策略式規劃　到底該怎麼做

英國法律規定倫敦市長必須提出城市的空間發展策略，也就是所謂的倫敦計畫。

「策略式都市規劃」（strategic urban planning），可以解釋為「以策略性手段來規劃城市的長期發展」。這邊說的策略性手段，乃是建立於有證據的未來預測，以及各利害關係人（stakeholders）的參與和共識之上，提出城市未來的願景與議題，並將不同事項排出優先順序，訂出具邏輯性、整合性、持續性、彈性、全面性的長期發展策略，再用實際的政策與投資、管理等計畫加以落實，並整合各層面的都市發展。

以下，就讓我們以英國的「倫敦計畫」（London Plan），作為策略式都市規劃的案例參考。

二十世紀後半，英國首都倫敦的行政區劃經歷了一番調整，簡言之就是傳統的「倫敦郡」（County of London）向外擴張成為「大倫敦」（Greater London），並依國會通過的「大倫敦市政府法」於二〇〇〇年成立由民選市長所領導之大倫敦市政府，由市議會監督。

由於倫敦各區（boroughs）向來有自治的傳統，也均有自己的區理事會（council），因此大倫敦市政府只是策略性行政單位，處理全市的經費預算、產業規劃、交通與土地使用等，並與各區理事會合作。

上述的大倫敦市政府法亦規定，市長必須提出城市的空間發展策略，也就是所謂的「倫敦計畫」。目前的倫敦計畫，於二〇一一年提出，因人口預測修正而於二〇一五年三月進行部分修改。

倫敦各區理事會在制定區層級與社區層級的發展計畫時，依法必須要回應倫敦計畫中的建議，至於方式可分兩種：一種是保留彈性空間的回應，區理事會可自行判斷該區是否存在不同於倫敦計畫觀點的特殊狀況，一種則是需以倫敦計畫為基礎進行更詳細的地方分析，例如：土地使用政策。

有證據的預測、現況議題分析，可說是倫敦計畫的兩大特色。首先，如前所述，對未來進行有證據的預測，是策略式都市規劃的要件。倫敦計畫提出的預測可謂十分廣泛，包含人口結構、水資源、住宅、經濟以及交通等。這些預測都以表格、地圖和圖像呈現，簡單而明瞭。

其次，奠基於英國空間分析與都市規劃的學科與專業深厚傳統，倫敦計畫對於城市現況議題也有頗全面的分析，包含各市鎮的層級、定位與功能分別，以及綠地及開放空間、全市最貧窮之區域、氣溫、文化設施、租金、空氣汙染及土壤汙染等，皆有相關的分析。

倫敦各區自治，市政府只是處理全市政策的策略性行政單位。

清楚的願景陳述　明確的六大目標

基於上述之預測與分析，二〇一一年，倫敦市長提出了三十五年後、即二〇三六年倫敦的願景：「成為表現優異的世界級城市，為其所有的人民與企業拓展機會，達致最高的環境標準與生活品質，並領導世界對付二十一世紀的城市挑戰，特別是氣候變遷。」

為邁向上述願景，倫敦訂出了六大目標，並且遵從「永續發展」的指導原則，分別為：

1……面對成長所帶來的挑戰

倫敦要能為所有市民提供永續、良好而向上提升的生活品質，以及足量的高品質住宅與社區，並處理健康不平等的問題，以回應經濟及人口的成長所帶來的挑戰。

2……維持經濟競爭力

倫敦要成為具國際競爭力的成功城市，要擁有茁壯與多元的經濟，以及能為全倫敦造福的創業精神，並要成為一個既走在創新與研究尖端，又能珍惜並善用豐富歷史文化遺產的城市。

3……支持社區的發展

倫敦要成為由多元、茁壯、安全且可及的社區所組成的城市，讓市民有歸屬感；要提供居民、工作者、訪客及學生（不論其種族、背景、年齡或階級）機會去實現他們的潛力，也要提供高品質的環境讓人們享用並共存共榮。

4……提供愉悅的感官經驗

倫敦要成為讓人們能得到愉悅感官經驗的城市，這包含了維護其建築與街道，營造最佳的現代建築，同時善加利用傳統建築。對於其豐富的開放空間、自然環境與水資源，則不僅要善用，還要將之擴展，並釋放其潛力，以提升市民的健康、福祉與發展機會。

5……改善環境

關於本地及全球環境的改善，倫敦要成為世界的領導者，率先對付氣候變遷，減少汙染，發展低碳經濟，降低資源耗用並提高其使用效率。

6……改善大眾運輸

倫敦要擁有有效運作且高效率的大眾運輸系統，讓每個人都可以簡單、安全並便利地抵達工作場所與各種設施；而這樣的大眾運輸系統也能鼓勵更多人步行、騎自行車、善用泰晤士河之水路運輸，並幫助倫敦計畫的所

倫敦計畫要讓大眾運輸系統更有效率，並鼓勵更多人步行、騎自行車、善用水路運輸。

有目標得到實現。

基於這六個目標，倫敦再訂出了多達一百二十一項的政策，以及二十四個可量化評估的關鍵績效指標（KPI）。

這樣一本厚達三百多頁的倫敦計畫，到底是由哪些人經過多久時間才討論出來的呢？

在提出倫敦計畫草稿之前，市府必須和許多利害關係人討論以凝聚共識，不僅涵蓋市內的領導產業，也包含高等教育機構、社會福利機構與社區機構。

為促進民眾參與，市府還費時兩個月，對一千四百〇六位倫敦居民進行電話或當面訪談；而每年定期的全市普查、規律的電話訪談以及各

每年定期的全市普查、規律的電話訪談及各種研究都能幫助倫敦市政府了解民眾的心聲。

種相關研究，都能幫助市府了解民眾的心聲。

此外，市政府也必須考量國家或區域尺度的政策，並諮詢中央政府的意見。

經過這些複雜與漫長的討論之後，市府才終於能提出倫敦計畫草稿，接著開放為期三個月的公眾諮詢（民眾可以寫e-mail給市長，或參加倫敦內外各地舉辦的民眾參與會），接下來，則送市議會及中央政府審查，隨後再提出修訂版，修訂版將再次歷經相同的諮詢與審查流程。以二〇一一提出的倫敦計畫而言，迄今歷經了至少四次大大小小的修改。

城市智庫能整合資訊　民眾參與機制需確立

倫敦的策略式都市規劃，是針對城市各方面的未來發展，做廣泛的預測與分析，不僅提出證據支持，也以圖像清楚呈現，這些是它的特色，也是值得學習的優點。

然而，不論是倫敦還是世界其他城市，進行策略式都市規劃時，都免不了會碰到一些難解的問題，例如：計畫對未來的預測真的準確嗎？專家及民眾的參與程度各該如何？民眾內部有可能達成共識嗎？計畫的法律效力是否足夠？計畫的推行是否會因不同政黨來自中央或地方的作對而遇阻？

目前的「臺北二〇五〇願景計畫」仍顯零碎，由許多具體的短期計畫臨時拼湊起來，長期的願景反而不明不白。如何做好對未來的預測，並安排妥善的參與及共識形成過程，以求釐清議題，清楚描繪願景，這才是擬訂策略前應做到的事。

每項政策的提出，必須要回應議題，並且要有證據顯示臺北有此需求。如果這也做不到，代表市府在處理資訊、研擬計畫時整合不足。或許臺北成立城市智庫，就能改善這個問題？

要讓願景計畫具延續性，考量的不應只是政黨輪替，還應該要確保民眾充分參與，並洞察中央與地方的相關趨勢。充分的民眾參與，也就等於是增強願景計畫的民意授權，因此，臺北應該要提出明確且適切的進行方式。

願景計畫一旦提出，往上游看，全國性的《國土計畫法》已經國會通過，如何與之呼應；往下游看，直轄市的各區目前無權自訂發展計畫，未來會怎麼演變，臺北市政府必須要思考並準備因應。

治

治理模式創新

策略 3

直轄市的區層級自治

倫敦各區都有民選理事會，多以小內閣制實行自治。

升格直轄市，區政誰來管？
——從倫敦看臺灣直轄市的區自治

從縣升格為直轄市後，臺灣「六都」原有的鄉鎮市自治選舉全部停辦了。倫敦各區則有民選理事會，多以小內閣制實行自治。臺灣直轄市內部的區整併，勢必改變民眾的政治生活；邁向更長遠的國土重劃，可從直轄市的區自治開始。

二〇一〇年底，臺北縣升格為新北直轄市，原本的臺中縣市與臺南縣市分別合併升格為臺中直轄市、臺南直轄市，而高雄縣則併入高雄直轄市，再加上二〇一四年底桃園縣升格為桃園直轄市，臺灣頓時有了六個直轄市，即俗稱的「六都」，共占臺灣總人口的六十九％。

縣升格為直轄市，到底是好是壞？原本縣轄下的鄉、鎮、市，一律改制為區；民選的鄉鎮市長，全部改為官派的區長；鄉鎮市公所的大部分自有經費及人事任用權，也收歸市政府統籌；原本各鄉鎮市可以同時選縣議員跟地方代表，現在只剩直轄市議員可以選了——就以桃園為例，縣議會升格為直轄市議會，議員席次卻幾乎沒變，每一位人民對政治的影響力憑空被削減了！

根據前臺南縣長蘇煥智的分析，上述這兩波升格運動，使原來的臺北縣、臺中縣、臺南縣、高雄縣與桃園縣五個縣轄下的一百二十一個鄉鎮市、九百九十一萬人口失去了地方自治選舉。他呼籲，直轄市應將原本的鄉鎮市適度整併成規模較大的區，實施區自治及自治選舉，這涉及《地方制度法》的修正，而修法是國會議員的職責。蘇煥智亦主張，區政的繁雜度並不高，所以區政組織應可參照「公司董事會」的概念來精簡，讓選民有如股東大會般選出董事、組成董事會，再由這些董事互選出董事長。

這一旦落實到區政上，便相當於政治上的「內閣制」。不再像以前的鄉鎮市，將行政與民意代表監督等兩權分立，新的區自治選舉，可採「政黨比例代表制」，選民的票是投給政黨，而不是投給候選人個人（有助於杜絕臺灣地方政治常見的買票綁樁問題），再依各政黨得票比率，分配區政代表席次，以握有多數席次政黨的當選名單領銜者為區長，區長主持區政會議，區政代表則分工督導區政業務。

以上的構想，其實與英國大部分行政區所採行的自治方法「多數黨領袖制」相當類似，茲舉英國首都倫敦的各區狀況作為例子。

倫敦各區民選理事會　以小內閣實行區自治

倫敦分為三十三個行政區，包括三十二個區（boroughs）和一個具特殊地位的倫敦金融城（City of London），每一個區再分為若干坊（wards）。

倫敦各區的區理事會（councils），提供大多數的地方政府服務；倫敦市政府（Greater London Authority）則是協調整個倫敦行政的策略性單位。一區選出若干名理事（councillors），共同組成該區的理事會，全部理事每四年改選一次。

除去制度特殊的倫敦金融城不計，倫敦的三十二區之中，有二十八個區理事會採用多數黨領袖制（leader and cabinet），另外四個則採用民選區長制（elected mayor and cabinet）——以國家政體來比喻的話，前者相當於內閣制，後者相當於總統制，差別就在於區理事會領袖產生的方式。

看起來，倫敦絕大多數區採用的都是「多數黨領袖制」，它到底是什麼樣的制度？

在一區的理事會中，經所有理事互選出的領袖，通常即出自掌握該區較多理事席次的政黨或政治聯盟。這名領袖再提名若干理事，成為其區政小內閣（cabinet）的閣員，每位閣員都有各自負責督導的政務（portfolio），涵蓋住宅、財政、教育、經濟發展等。

小內閣之下，則有資深公務員組成的管理團隊，

大倫敦地區
（附原文首字母）

1. L 倫敦市
2. W西敏市
3. K 肯辛頓—切爾西
4. H 漢默史密斯—富勒姆
5. W旺茲沃思
6. L 蘭貝斯
7. S 南華克
8. T 陶爾哈姆萊茨
9. H 哈克尼
10. I 伊斯林頓
11. C 康登
12. B 布倫特
13. E 伊令
14. H 豪恩斯洛
15. R 泰晤士河畔里奇蒙
16. K 泰晤士河畔京士頓
17. M默頓

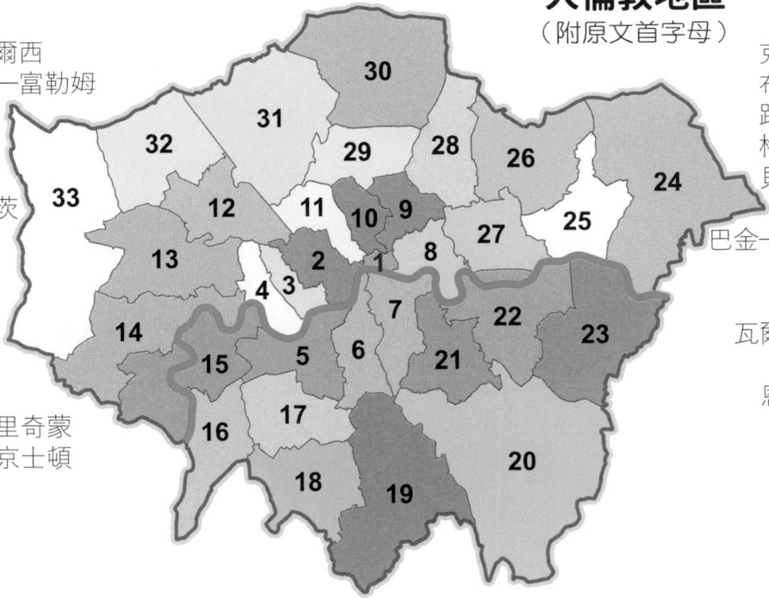

薩頓 S .18
克羅伊登 C .19
布羅姆利 B .20
路厄斯罕 L .21
格林威治 G.22
貝克斯利 B .23
黑弗靈 H.24
巴金—達根罕 B .25
紅橋 R .26
紐漢 N.27
瓦爾珊森林 W.28
哈林蓋 H.29
恩菲爾德 E .30
巴尼特 B .31
哈羅 H.32
希靈登 H.33

倫敦分為三十三個行政區，包括三十二個區和一個具特殊地位的倫敦金融城，每一個區再分為若干坊。

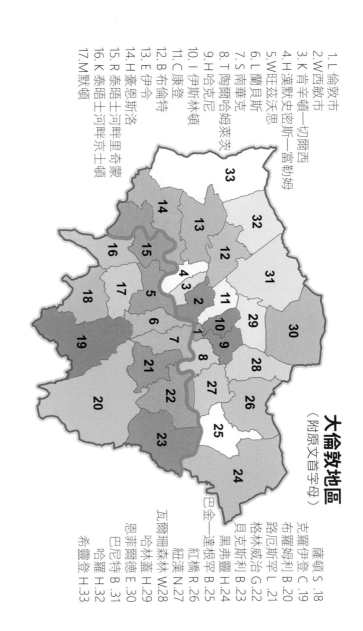

還政於地方，倫敦各區的自治方法相當值得臺灣的直轄市借鏡。

由正、副執行長（chief executive）與各政務領域的總監（directors）所構成，他們負責區政的每日運作，並輔助理事進行政治決策。

而政治決策，視情形可能由閣員單獨決定，亦可能交由全體理事定奪。區理事會設有若干審查委員會（scrutiny committees），依各自負責的政務領域，監督小內閣的施政。

一區的領袖及其小內閣，根據區理事會通過的預算，擬訂諸般政策、計畫與策略，並在全體理事定期召開的常會上，向理事會報告並接受其監督。

需要全體理事共同決定的基本事項有四個：領袖選舉、領袖提出的預算案、該區的總體發展計畫、理事會憲章。

此外，理事會亦有權提案、敦促領袖或小內閣對某議題採取行動，或通過對領袖的不信任投票。理事會還可設置一個標準委員會（standards committee）或一名監察官（monitoring officer），以確保每位理事都遵從其行為準則。

直轄市的區整併與自治　有助於國土重劃

為什麼像倫敦各區這樣的自治方法值得臺灣的直轄市參考？

因為，牽涉大範圍的市政雖宜由市政府統籌，但區政就要由區的層級來規劃與執行，才較能符合地方的實際需求。而民選的區理事會比起官派的區公所，當然更有利於公民透過監督區理事而參與區政。

況且，區政若採「選黨不選人」的制度，較能促成不同政策路線的公開辯論，而非候選人以金錢或人脈為後盾的私下競爭，這將有效提高青年及新移民的參政機會（倫敦便時有中東或南亞移民當選區理事），形成多元政治，有助於增進國家團結與因應社會變遷。

對於直轄市的升格，內政部原就要求鄉鎮市改制為區後，需做適度之整併。原本全臺灣的鄉、鎮、市，大多直接承繼日治時期的街、庄，但如今交通、通訊大幅進步，民眾實際的生活圈亦已超越了原本的行政區劃分，是應該配合時代演進而調整了。目前幾個直轄市也都在研擬區整併的方案。

擁有將近四百萬人口、全臺最大的直轄市新北市，已進行戶政事務所與都市計畫區的整併。

新北市轄下二十九個區，原本每區都有戶政事務所，現已整併縮減為十八個，受裁撤的大多是偏遠地區的戶政機關，精簡員額，藉此提升行政效能。

同時，新北市原有的十七處都市計畫區，向來各自發展，導致都市計畫交界處紛紛淪為邊陲地帶，現也整併為「大漢溪南」與「大漢溪北」兩個都市計畫區，可望有效整合土地使用及資源。或許這正是在為直轄市的區整併做暖身。

臺灣的地方行政區劃，正經歷戰後以來最劇烈的一連串革新，民眾的政治生活勢將隨之改變。如果臺灣的國土重劃存在著更長遠的願景，則現有的「六都」的格局應該也就只是過程而已。

最終，整個臺灣或許將不再有直轄市與一般縣市之分，而會如許多學者與政治人物所呼籲的，劃為幾個大型行政區（無論稱為州、省或市），那麼，我們也就終需面對地方層級的自治議題。

直轄市的區自治，就是這個議題的開端。

六都占了臺灣總人口六十九%，
但應只是國土重劃的過程而已。

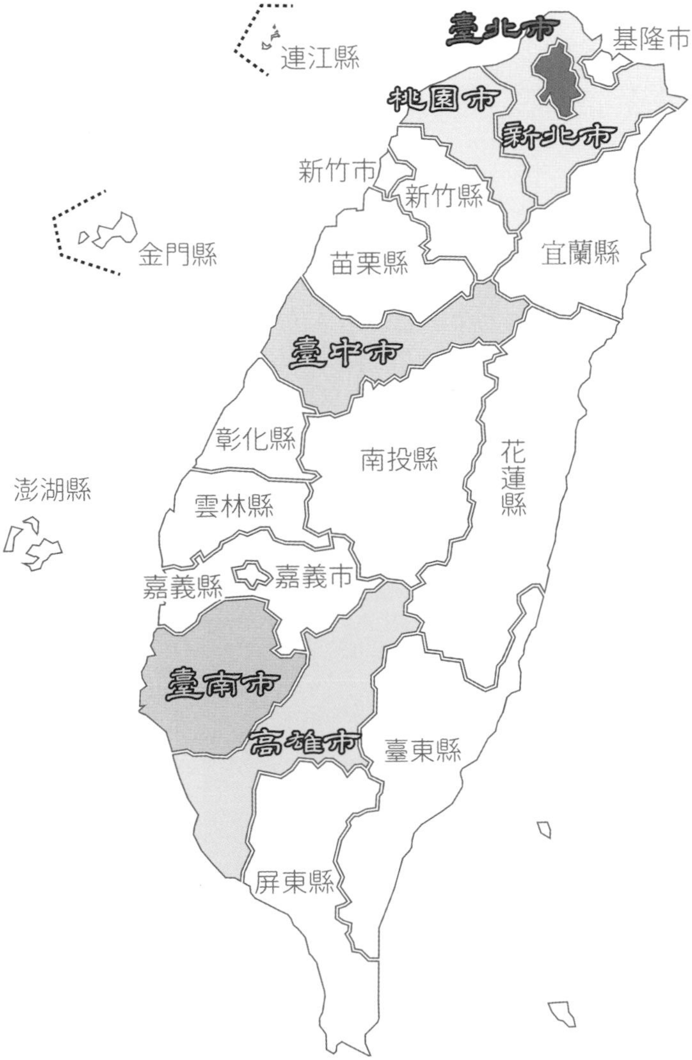

附

附錄　全書架構一覽表與圖片出處

全書架構一覽表

議題 Issues	目標 Objectives	策略 Strategies	國外案例 Cases
私人運具太多	培養無車族群	建置自行車騎乘環境	英國・倫敦
		推廣汽車共享	荷蘭
		發展公車捷運（BRT）	哥倫比亞・波哥大
	發展軌道運輸	輕軌沿線街道的活化與持續維護	美國・波特蘭
		讓民間業者興建軌道運輸	日本・近畿地方
		以TOD模式進行都市區域再生	美國・舊金山
步行環境欠佳	限制車輛行為	促使車輛禮讓行人	法國
		住宅區街道的交通寧靜化	荷蘭・臺夫特
		防止車輛侵入步行空間	美國・聖荷西、以色列・特拉維夫
	擴展步行空間	商業區街道改為行人徒步區	丹麥・哥本哈根
		改善大眾運輸周邊的步行環境	美國・波特蘭
		以水綠基盤打造步行路徑網	英國・倫敦

生活品質不良	改善居住條件	街邊型夜市改為室內化美食中心	新加坡
		鼓勵民間協助開發合宜住宅單位	美國・紐約
		都市交通噪音問題採斷源處理	日本、英國・倫敦
	打造休閒環境	大型活動場址的再利用	英國・倫敦
		市中心機場的再利用	德國・柏林
		工業遺址的再利用	德國・魯爾區
市民認同感低	文化觀光精煉	舊區與廟宇的夜間觀光經營	日本・京都
		以公私合夥法人經營創意街區	日本・長濱
		捷運站名更改	香港、上海、東京、北京、首爾
	治理模式創新	國會選址與抗議空間規劃	英國・倫敦
		凝聚各界共識的都市願景計畫	英國・倫敦
		直轄市的區層級自治	英國・倫敦

圖片出處

一—一—一　臺北離自行車城市還有多遠？
頁14／16／20／23：Shutterstock

一—一—二　自行車能共享，汽車也能共享？
頁26／27／29／30：Shutterstock
頁33：維基百科

一—一—三　推動ＢＲＴ的策略與決心！
頁34／36／39／41：Shutterstock

一—二—一　讓輕軌活化城市的街道！
頁42／44上／44下／46／48：Shutterstock

一—二—二　減碳蓋輕軌，經費從哪來？
頁50／51／53：Shutterstock
頁54：維基百科

一—二—三　利用大眾運輸，讓舊城區活化再生！
頁58／63：Shutterstock
頁60：臺北市政府交通局

二—一—一　爲什麼臺灣車不讓人？
頁66／69／71：Shutterstock
頁67：邱秉瑜

二—一—二　巷子內的馬路如何安心走？
頁74／75／77／79／81：Shutterstock
頁82上／82下：余風

二—一—三　怎樣阻止機車入侵人行道？
頁84／87：邱秉瑜
頁89：方寸文創

二—二—一　徒步區存廢，公投來決定？
頁90：邱秉瑜
頁92／94上／94下／96：Shutterstock

二—二—二　讓大眾運輸周邊環境更好走！
頁98／102／104上／104下：Shutterstock
頁100：陳又堅

二—二—三　把公園綠地串在一起！
頁108／110上／110下／113：Shutterstock

三—一—一　街邊型夜市應徹底改革！
頁116／117／118／120／121／123／124：Shutterstock

三—一—二　讓民間協助開發社會住宅！
頁126／127／128／130／131：Shutterstock
頁132：維基百科

三—一—三　城市該如何對付交通噪音？
頁134／135／136／138／139／141：Shutterstock

三—二—一　花博結束了，場館怎麼辦？
頁144／146／147／149／151：Shutterstock
頁152：方寸文創

三—二—二　松山機場用地，未來何去何從？
頁154／156上／156下／158：Shutterstock

三—二—三　臺鐵臺北機廠，該如何再發展？
頁164／167／168：Shutterstock
頁165：維基百科

四—一—一　臺灣夜間觀光，只有夜市可逛？
頁174／176／177／181：Shutterstock
頁178／180：邱秉瑜

四—一—二　如何打造創意街區？
頁182／187：陳德勇
頁183／184：Shutterstock
頁185／189：方寸文創

四—一—三　臺北的捷運，站名有問題？
頁190／191／192／196：Shutterstock
頁194／197：維基百科
頁195：方寸文創

四—二—一　把中正紀念堂改成國會議事堂！
頁200／201／202／205／208：Shutterstock
頁204：方寸文創

四—二—二　臺北的二〇五〇願景是什麼？
頁210／212／213／215／217／218：Shutterstock

四—二—三　升格直轄市，區政誰來管？
頁220／224：Shutterstock

「城市」的改造，
能導致「人」的改造。

我們值得更好的城市

We Deserve a Better City

言無盡 01

作　　者　邱秉瑜
繪圖者　黃丞瑀
美術設計　徐睿紳
版面編排　黃秋玲

總編輯　顏少鵬
發行人　顧瑞雲
出版者　方寸文創事業有限公司
地　　址　臺北市 106 大安區忠孝東路四段 221 號 10 樓
電　　話　(02)2775-1983
傳　　真　(02)8771-0677
客服信箱　ifangcun@gmail.com
官方網站　方寸之間｜ http://ifangcun.blogspot.tw/
FB 粉絲團　方寸之間｜ http://www.facebook.com/ifangcun
法律顧問　郭亮鈞律師
印務協力　蔡慧華
印刷廠　華展彩色印刷股份有限公司
總經銷　時報文化出版企業股份有限公司
地　　址　桃園市 333 龜山區萬壽路二段 351 號
電　　話　(02)2306-6842

方寸文創

國家圖書館出版品預行編目 (CIP) 資料
我們值得更好的城市／邱秉瑜著／初版／臺北市：方寸文創／2016.11／240 面／23×14.8 公分（言無盡系列：1）
ISBN 978-986-92003-7-0（平裝）

1. 都市計畫

545.14　　105017435

ISBN　978-986-92003-7-0
初版一刷　2016 年 11 月
定　　價　新臺幣 420 元

PRINTED IN TAIWAN